Der essbare Garten in einem Topf

Der essbare Garten in einem Topf

Köstliche Rezepte – zusammen gepflanzt, zusammen gekocht

CINEAD McTERNAN

FOTOGRAFIERT VON JASON INGRAM

AT Verlag

Die Originalausgabe dieses Buches ist unter dem Titel »The one-pot gourmet gardener« 2015 bei Frances Lincoln, London, erschienen.

Aus dem Englischen übersetzt von Angela Schumitz

Fotos: Jason Ingram
Illustrationen: Becky Clark

Printed and bound in China

ISBN 978-3-03800-898-9

www.at-verlag.ch

INHALT

EINFÜHRUNG

ES BRAUCHT KEINEN GROSSEN GARTEN, um selbst Obst, Gemüse und Kräuter zu ziehen. Eine sonnenwarme Tomate direkt vom Strauch zu pflücken oder eine Karotte aus der Erde zu ziehen, ist nicht nur etwas für Menschen mit viel Platz und grünem Daumen. Selbst eine kleine Terrasse, ein Balkon oder eine Dachterrasse bieten die Möglichkeit, Gemüse und Obst in Kübeln oder Töpfen anzubauen. Mit der richtigen Lage und ein wenig Aufmerksamkeit und Zuwendung, vor allem beim Thema Gießen und Düngen, gedeihen viele Pflanzen hervorragend auf kleinstem Raum. Heute gibt es sogar spezielle Züchtungen für Kübel und Töpfe, die eine besonders reiche Ernte versprechen.

Selbst wenn Sie nur Platz für ein einziges Pflanzgefäß haben, können Sie darin eine oder mehrere Pflanzen anbauen. Es ist ein Erlebnis, die Pflanzen wachsen zu sehen, immer wieder nachzuschauen, was gerade reif ist, es zu ernten und den Ertrag frisch gepflückt und saisonal, genau so, wie Mutter Erde es vorgesehen hat, am selben Tag zu genießen.

Der unschlagbare Geschmack von frisch geerntetem selbst gezogenem Gemüse und Obst ist einer der Gründe, warum ihr Anbau sich zunehmender Beliebtheit erfreut. Es ist aber bei vielen auch eine Reaktion und ein Protest gegen die unnötigen langen Transportwege, die das Gemüse oft hinter sich hat, bis es in den Supermärkten landet, gegen das Angebot von Erdbeeren zu jeder Jahreszeit und gegen geschmacklich gleichförmige Äpfel ohne Eigencharakter anstelle der köstlichen Sorten, die früher bei uns kultiviert wurden. Selbst gezogenes Gemüse ist vielleicht nicht ganz so makellos wie die Ware aus dem Supermarkt, schmeckt aber weitaus besser. Wer selbst anbaut, weiß zudem genau, was oder vielmehr was nicht auf die Lebensmittel gesprüht wurde, die auf den Tisch kommen. Und schließlich macht der eigene Anbau einfach enorm Spaß.

Doch was soll man nun anbauen? Manche Heimgärtner kultivieren ihre stets gleichen Lieblingssorten, erfahrene Gärtner experimentieren gerne mit Ungewöhnlichem, andere raten, das anzubauen, was im Laden besonders teuer ist. Beim Durchblättern der Samenkataloge oder dem Besuch einer Gärt-

Frisch und saisonal! Mangold ist ein spätsommerlicher Farbtupfer im Gemüsebeet und bis in den Winter hinein zu ernten.

Es ist erstaunlich, wie viel sich auf kleinstem Raum anbauen lässt. Man muss nur sorgfältig planen und sich vergewissern, dass die Pflanzen gut miteinander auskommen.

nerei kann die Auswahl schnell einmal überwältigend sein und überfordern. Bei sehr beschränkten Platzverhältnissen muss man sich genau überlegen, was man anbauen möchte. Eine pfiffige Lösung besteht darin, die Hauptzutaten eines Rezepts im selben Pflanzgefäß anzubauen. So kann man für ein bestimmtes Gericht alles gleichzeitig ernten und es mit Freunden oder der Familie genießen.

Die meisten Pflanzen gedeihen ausgezeichnet in Töpfen. Allerdings sollten diese so groß sein, dass die Pflanze genügend Reserven hat, um viele Früchte hervorzubringen. Es gibt zahllose kleine oder kompakte Sorten, die speziell daraufhin gezüchtet wurden, auf kleinem Raum zu gedeihen. Kräuter und Salate sind ideal für kleinere Gefäße und gedeihen auch auf dem Fensterbrett oder dem Balkon. Als Faustregel gilt: Man sollte Pflanzen wählen, die die gleichen Wachstumsbedingungen (Erde, Dünger, Sonnenlicht, Temperatur) mögen und zur selben Zeit geerntet werden können.

Wenn verschiedene Pflanzen unterschiedliche Mengen an Wasser und Nährstoffen brauchen, lohnt es sich etwa Kräuter in einem separaten Topf innerhalb des Pflanzgefäßes zu ziehen, sodass das Wasser dank einer durchlässigeren Erde frei abfließen kann, während andere, durstigere Pflanzen mehr gegossen werden können, zum Beispiel

Aus dem Pflanzkübel ins Sieb: Das frisch geerntete Gemüse inspiriert zu leckeren saisonalen Gerichten.

mit Hilfe einer im Boden steckenden Plastikflasche, die das Wasser direkt zu den Wurzeln lenkt. Bestimmte Pflanzen sollten lieber in einem eigenen Topf gezogen werden, zum Beispiel Kartoffeln, da ihre Blätter sonst alles überwuchern und andere Pflanzen am Gedeihen hindern können.

Im Kübel gezogene Pflanzen erlauben auch eine gewisse Flexibilität. So können Sie leichter etwas umstellen, Platz für einen großen Tisch schaffen, je nach Saison die jeweiligen Töpfe in den Mittelpunkt stellen und Ihre Terrasse in jeder Jahreszeit ins beste Licht rücken. Kübel und Töpfe sind auch die richtige Wahl für mehrjährige Pflanzen, etwa Zitrusfrüchte oder Schnittlauch, die in ihren Gefäßen zum Überwintern ins Haus kommen. Nicht zuletzt hilft der Anbau in Töpfen auch, stark wuchernde Pflanzen wie Minze oder Beinwell im Zaum zu halten. Große, schwere Töpfe lassen sich mit Hilfe fahrbarer Untersetzer umstellen.

PRAKTISCHE HINWEISE

DIESES BUCH BESTEHT AUS ZWEI TEILEN. Im ersten Teil erhalten Sie Informationen und Tipps für einen optimalen Start, egal, ob Sie nun zum erstenmal Pflanzen in Kübeln anbauen oder eine kleine Auffrischung benötigen. Sie erfahren alles zur Planung des Anbaus, zu den benötigten Pflanzen, Werkzeugen und Hilfsmitteln: Samen oder Pflanzen (Seite 14–15), Pflanzgefäße (Seite 16–17), Erde und Werkzeuge (Seite 18–21). Außerdem erhalten Sie ein paar Tipps, wann Sie was am besten ernten und wie Sie es verwenden können (Seite 24–25). Schritt für Schritt werden dann die grundlegenden Techniken des Säens und Bepflanzens von Kübeln und Töpfen (Seite 26–31), der Pflege der Pflanzen (Seite 32–36) sowie der Ernte und Lagerung der Erträge (Seite 37–39) gezeigt.

Im zweiten und Hauptteil des Buches finden Sie die Pflanzvorschläge, jeder auf bestimmte Erzeugnisse zugeschnitten, die Sie zur Zubereitung eines der fünfundzwanzig köstlichen Gerichte brauchen. Vor jedem Rezept finden Sie die Pflanzen, die zusammen in einem Behälter angebaut werden, und anschließend das eigentliche Rezept für das Gericht, in dem die Früchte der jeweiligen Pflanzen zum Einsatz kommen. Außerdem gibt es Hinweise zum Zeitpunkt des Säens oder Auspflanzens der jeweiligen Pflanzen, ihrer Pflege und dem Zeitpunkt der Ernte sowie ein paar Tipps, wie Sie die nach der Ernte entstehenden Lücken ausfüllen können. Auf geht's ans Pflanzen und später ans Kochen!

DIE GÄRTNERMONATE werden hier in Form von Jahreszeiten ausgedrückt, damit Sie sich nach der Wachstumssaison in Ihrer Gegend richten können. Sie entsprechen in etwa folgenden Monaten:

Frühes Frühjahr	März
Mitte Frühjahr	April
Spätes Frühjahr	Mai
Frühsommer	Juni
Mitte Sommer	Juli
Spätsommer	August
Frühherbst	September
Mitte Herbst	Oktober
Spätherbst	November
Frühwinter	Dezember
Mitte Winter	Januar
Spätwinter	Februar

Beim Topfsymbol finden Sie jeweils eine Liste der benötigten Pflanzen und Materialien.

Bienenfreundliche Pflanzen (reich an Nektar und/oder Pollen) sind mit einem Bienensymbol gekennzeichnet.

Schrittweise Anleitung zum Säen, Pflanzen und Pflegen der Nutzpflanzen

Tipps zur Nutzung von später entstehenden freien Flächen im Pflanzgefäß

Tipps zur Ernte (Zeitpunkt und Vorgehensweise)

Farbige Kennzeichnung der verschiedenen Kapitel des Buches

Schritt für Schritt wird im Rezept erläutert, wie aus den frisch geernteten Erzeugnissen ein Gericht zubereitet wird.

LOS GEHT'S!

ZUERST SOLLTEN SIE sich überlegen, wie viele Töpfe in Ihren Garten, auf den Balkon oder die Dachterrasse passen. Als Faustregel gilt: Obst und Gemüse brauchen möglichst tiefe Behälter mit einem Durchmesser von 40–50 cm, manche Sorten sogar etwa 1 m. Kräuter begnügen sich mit kleineren Töpfen. Beachten Sie auch, wie viel Spielraum es für Höhe und Breite der Pflanzen gibt. Die Behälter sollten nicht zu eng stehen; die Pflanzen brauchen viel Luft, um das Risiko von Schädlingen und Krankheiten möglichst gering zu halten. Kontrollieren Sie, ob Ihre geplante Anbaufläche voll in der Sonne oder teilweise im Schatten liegt und ob sie geschützt oder Wind und Wetter ausgesetzt ist.

DIE WAHL DER PFLANZEN

Überlegen Sie nun, welche Gemüse oder Früchte Sie gerne essen oder welche Pflanzen Sie ausprobieren wollen. Manche Pflanzen sind mit anderen in einem Topf nicht glücklich, weil sie ganz andere Bedürfnisse haben. Aus diesem Grund (und weil sie überall günstig erhältlich sind) wurden in den Anbauvorschlägen auch Zutaten wie Zwiebeln, Schalotten oder Knoblauch ab und zu weggelassen. Sie gedeihen nicht gut im gleichen Topf mit Gemüsesorten, die viel Wasser brauchen, wie etwa Mais.

Auch der Erntezeitpunkt ist zu erwägen. Haben Sie nur an den Wochenenden Zeit zum Ernten oder planen Sie einen längeren Urlaub, dann suchen Sie sich Pflanzen heraus, die Sie über mehrere Wochen hinweg stetig ernten können, oder solche, die vor oder nach Ihrem Urlaub reif sind. Tomaten und Bohnen können auch geerntet werden, wenn sie überreif sind und lassen sich dann zu Saucen oder Chutneys verarbeiten. Zucchini hingegen können, wenn sie nicht zur rechten Zeit geerntet werden, rasch an Geschmack verlieren. Gut lagerbare Produkte, etwa Knoblauch und Wurzelgemüse, geben Ihnen mehr Flexibilität in der Verwendung.

Die nächste Frage ist, ob Sie Samen, Setzlinge oder Jungpflanzen kaufen wollen. Sie erhalten sie alle in Gärtnereien oder Gartencentern, in manchen Baumärkten oder auch im Internet. Samen sind die günstigste Option, wenn Sie Platz für einige Anzuchtschalen haben; so haben Sie auch immer ein paar Reservepflanzen, falls eine im Pflanzgefäß nicht gut anwächst oder keine Früchte trägt. Überschüssige Pflänzchen erfreuen Freunde und Verwandte, die sich ebenfalls in der Hobbygärtnerei versuchen wollen. Samen gibt es zudem in größerer Auswahl als bereits gezogene Setzlinge.

Wenn Sie jedoch selten zu Hause sind und nicht viel Platz haben, sind Sie mit Setzlingen oder Jungpflanzen, die Sie direkt einpflanzen können, besser beraten. Natürlich können Sie auch beides machen, aus Samen interessante oder ungewöhnliche Sorten ziehen wie auch mit platzsparenden Jungpflanzen gleich loslegen.

Selbstverständlich können Sie unsere Pflanzvorschläge auch abwandeln oder Ihre ganz eigenen Zusammenstellungen kreieren. Am besten erstellen Sie eine Liste mit Ihren Lieblingssorten von Obst, Gemüse und Kräutern – nicht zu vergessen essbare Blumen – und kombinieren dann jene Pflanzen, die gemeinsam gedeihen und deren Ertrag für ein spezifisches Gericht auch gemeinsam gekocht werden kann. Fangen Sie mit einfachen Kombinationen an: Knoblauch und

Mangold passen gut zusammen, sie mögen die gleichen Wachstumsbedingungen und können gleichzeitig ausgesät und auch gleichzeitig geerntet werden, um zum Beispiel in ein köstliches Pesto für ein schnelles Abendessen verwandelt zu werden.

Bedenken Sie die mögliche Höhe und Ausbreitung Ihrer Pflanzen. Die meisten Pflanzen brauchen Raum zum Wachsen, und die eine soll die andere nicht zuwuchern. Zucchini machen sich gut mit höheren Gewächsen, etwa Fenchel oder Mais; die Zucchini breitet sich an der Basis aus, die höherwachsende Pflanze strebt nach oben.

Gemüse in Kübeln sehen oft wunderschön aus, verbannen Sie sie also nicht in die hinterste Ecke Ihres Gartens.

PASSENDE SORTEN

Experimentieren Sie mit unterschiedlichen Sorten und Züchtungen Ihrer Lieblingsgemüse und -früchte und lassen Sie sich von den vielfältigen Geschmacksnuancen überraschen.

EINER DER VORTEILE, selbst Gemüse, Obst und Kräuter anzubauen, besteht in der großen Auswahl: von den traditionellen Sorten der Großeltern bis hin zu modernen F1-Hybriden, die besondere Merkmale versprechen. Wenn es in den Wintermonaten zu feucht und kühl ist, um sich im Freien aufzuhalten, ist das Blättern in den Samenkatalogen für viele Hobbygärtner eine der liebsten Beschäftigungen, und oft umfasst die Wunschliste dann mehrere Seiten. Am ehesten schafft man es, die Liste auf ein praktikables Maß auszudünnen, wenn man Prioritäten setzt. Geht es Ihnen eher um Geschmack als um Widerstandsfähigkeit gegen Krankheiten? Muss es eine robuste Pflanze sein, die auch in kühlerem Klima früh Früchte trägt, oder geht es Ihnen um eine atemberaubende Farbe und Größe?

Wenn Sie andere als die in diesem Buch vorgeschlagenen Sorten verwenden wollen, suchen Sie nach solchen, die ähnliche Merkmale aufweisen, was den Zeitpunkt der Aussaat und Ernte sowie die Widerstandsfähigkeit angeht.

Wenn Sie in einer kühleren oder wärmeren Gegend leben, sollten Sie Sorten wählen, die für Ihre klimatischen Bedingungen passender sind. Die Karotte 'Amsterdam Forcing 2 – Solo', die rankende Stangenbohne 'Blue Lake' und der Pak Choi 'Joy Choi' gedeihen bei kürzeren Wachstumsphasen und kühlerem Klima gut, während Mittelmeerkräuter, Paprika, Chili und Mangold zuverlässig bei trockenen, heißen Bedingungen in einem langen Sommer wachsen.

Notieren Sie die Sorten, die Sie kaufen, und halten Sie fest, wie sie sich in der Wachstumsphase und bei der Ernte verhalten. So können Sie zuverlässige und wohlschmeckende Sorten in den folgenden Jahren wieder anbauen und auf diejenigen, die sich nicht so gut gemacht haben, verzichten.

SAMENTYPEN

F1-Hybride sind besondere Züchtungen mit dem Ziel, die Vorteile der jeweiligen Elterngeneration, etwa Robustheit gegen Krankheiten, kräftiger Wuchs und Geschmack, zu maximieren. Sie eignen sich weniger gut, wenn Sie für die nächste Aussaat selbst Samen gewinnen wollen, weil sie nicht samenfest sind, das heißt, die F2-Generation sind keine identischen Nachkommen.

Traditionelle Sorten wurden seit Generationen angebaut und weitervererbt. Sie sind frei abblühend, also samenfest. Es lohnt sich, sich nach solchen Sorten in Ihrer Gegend zu erkundigen, da sie dem lokalen Klima und den Wachstumsbedingungen am besten angepasst sind.

Zwergsorten: Heute gibt es viele Sorten von Gemüse und Obst, die speziell für den Anbau in Kübeln oder Töpfen gezüchtet wurden. Ein kompakter Wuchs und ein kleinerer Ertrag führen dazu, dass die Pflanze im Kübel alles bekommt, was sie braucht, solange sie ausreichend gegossen und gedüngt wird. Bei richtiger Pflege, also dem Umtopfen nach ein paar Jahren oder dem Verkleinern des Wurzelballens, gedeihen jedoch auch viele »normale« mehrjährige Pflanzen in einem Kübel.

ZWERGSORTEN: GEMÜSE

Aubergine, Mini-, 'Ophelia' F1
Aubergine, Mini-, 'Pinstripe' F1
Aubergine, Mini-, 'Bambino'
Buschbohne 'Bobis D'Albenga'
Buschbohne 'Barlotto Lingua di Fuoco'
Buschbohne (extrazart) 'Eclarel'
Buschbohne 'Purple Queen'
Buschbohne 'Valdor'
Buschbohne (Ampelbohne) 'Hestia'
Dicke Bohne 'Robin Hood'
Dicke Bohne 'The Sutton'
Grünkohl 'Niedriger Grüner Krauser'
Markerbse 'Tom Thumb'
Paprika 'Mohawk' F1
Paprika 'Redskin' F1
Tomate 'Red Robin'
Tomate 'Sweet 'n' neat Scarlet'
Zuckererbse (Kefe) 'Sugar Bon'
Zuckermais (extrazart und süß) 'Swift'

ZWERGSORTEN: OBST

Apfel 'Bramley's Seedling'
Apfel 'Mini-Cox'
Apfel 'Lord Lambourne'
Zwergapfel 'Delgrina'
Aprikose 'Aprikompakt'
Aprikose 'Garden Aprigold'
Birne 'Garden Gem'
Birne 'Garden Pearl'
Mispel 'Westerveld'
Nektarine 'Small Sunning'
Pfirsich 'Crimson Bonfire'
Pfirsich 'Diamond'
Quitte 'Leskovac'
Rote Johannisbeere 'Rovada'
Säulenpflaume 'Black Amber'
Säulenzwetschge 'Anja'
Süßkirsche 'Kordia'
Süßkirsche 'Kompakt Stella'
Zitronenbaum 'Eureka'

DER RICHTIGE TOPF

GRÖSSE UND FORM sind wichtige Aspekte beim Erwerb des passenden Pflanzgefäßes. Nehmen Sie solche mit der größtmöglichen Oberfläche, damit Sie mehr Platz zum Bepflanzen haben. Die klassische Topfform mit sich leicht nach unten verjüngenden Seiten eignet sich gut, vor allem wenn Sie eine mehrjährige Pflanze (z. B. einen Obstbaum) nach einigen Jahren umtopfen oder den Wurzelballen verkleinern müssen. Allerdings sollten die Töpfe nach unten nicht zu schmal werden, weil die Wurzeln sonst nicht genug Platz haben.

Natürlich spielt neben den praktischen Erwägungen das Aussehen eine wichtige Rolle. Schwarze Plastiktöpfe, wie sie in Gärtnereien verwendet werden, sind zwar preiswert und eine gute Möglichkeit, Plastik zu recyceln, aber sie sind nicht die einzige Option. Zudem sind sie nicht ideal an sonnigen Standorten, da sie schnell aufheizen, sodass die Wurzeln Schaden nehmen können. Doch bei einem begrenzten Budget sind sie durchaus brauchbar, sofern sie nicht als Blickfang gelten sollen und eher schattig stehen. Besser aber machen Sie aus Ihren Kübelpflanzen einen richtigen Hingucker. Bevor Sie sich entscheiden, erwägen Sie die Vor- und Nachteile der unterschiedlichen Topfarten.

Keramiktöpfe sind zwar teuer, doch die meisten Pflanzen wachsen darin sehr gut. Ton atmet und entzieht der Erde überschüssige Feuchtigkeit.

PLASTIKTÖPFE

Es gibt Plastiktöpfe, die aussehen wie aus Keramik oder Holz; sie bieten mehrere Vorteile: Sie schauen gut aus, sind strapazierfähig und leicht. Oft müssen Töpfe umgestellt werden, entweder, um den Pflanzen mehr Sonne zu bieten, oder um sie an einem geschützten Ort zu überwintern. Für den Transport schwerer Töpfe gibt es allerdings auch fahrbare Untersetzer.

Töpfe in hellen Farben erhitzen sich schnell, kühlen jedoch auch rasch ab, sodass Pflanzen an sehr sonnigen Standorten nicht überhitzt werden. In den Boden von Plastiktöpfen lassen sich leicht Löcher bohren, damit überschüssiges Wasser abfließen kann. Zudem sind sie ziemlich lange haltbar. Allerdings basiert ihre Herstellung auf Erdöl, belastet also unsere Umwelt.

METALLBEHÄLTER

Vor allem große Metallbehälter (Bottiche) heizen sich in der Sonne sehr schnell auf, sodass die Erde rasch austrocknet und die Wurzeln Schaden nehmen. Oft haben solche Gefäße auch keine Abflusslöcher; diese müssen erst mühsam in den Boden gebohrt werden, bevor man den Bottich bepflanzt.

TÖPFE AUS TERRAKOTTA, KERAMIK ODER BETON

Diese Gefäße sind meist recht attraktiv, haben jedoch den Nachteil, dass man die Pflanzen öfter gießen muss, weil die Wände porös sind. Bei heißen Temperaturen entziehen sie der Erde Wasser und trocknen sie schneller aus, sodass die Pflanzen unter Stress geraten. Sie speichern die Wärme, was nicht schadet, wenn die Pflanzen wärmetolerant sind – Kräuter zum Beispiel haben nichts dagegen –, aber manche Pflanzen leiden darunter. Die Töpfe können in der Kälte Sprünge bekommen, und sie sind ziemlich schwer. Oft reichen die vorhandenen Abflusslöcher nicht, und wenn man versucht, selbst welche zu bohren, kann es ebenfalls passieren, dass die Töpfe Risse bekommen oder zerbrechen.

HOLZBEHÄLTER

Solche Behälter sind sehr ästhetisch und bieten auch einen gewissen Schutz vor der Hitze. Doch sie müssen gepflegt und jedes Jahr mit einem umweltverträglichen Mittel imprägniert werden. Bei recycelten Gefäßen, etwa einem Fass, sollten Sie überprüfen, ob das Holz nicht mit einem chemischen Mittel imprägniert wurde, das für den Anbau von Nutzpflanzen ungeeignet ist. Das Holz sollte möglichst aus nachhaltiger Forstwirtschaft stammen.

PFLANZTASCHEN

Pflanztaschen sind eine sehr günstige Lösung. Es gibt sie auch speziell aus reißfestem, UV-beständigem Gewebe in allen möglichen Größen und Farben. Sie sind ideal, wenn Platz ein Problem ist, denn nach der Ernte kann man sie einfach säubern, falten und fürs nächste Jahr aufbewahren.

Natürliche Materialien ergeben sowohl im traditionellen wie auch im modernen Garten eine großartige Wirkung zusammen mit blättrig wachsenden Pflanzen.

Mit unterschiedlichen Farben und Texturen kann man Akzente setzen und einen Blickfang in jedem Garten schaffen.

NÜTZLICHE AUSSTATTUNG UND WERKZEUGE

ZUM KÜBELANBAU braucht es nicht viel. Am wichtigsten sind Wasser und Dünger (Seite 33–34). Wenn Sie keinen Platz für Anzuchtschalen oder ein Zimmergewächshaus haben, sollten Sie Setzlinge oder größere Jungpflanzen kaufen, die Sie direkt in das Pflanzgefäß einpflanzen können. Sie benötigen nur wenige weitere Utensilien.

Zur Grundausstattung für den Eigenanbau von Obst und Gemüse gehören biologisch abbaubare Töpfe, Tonscherben, Schnur, Gartenschaufel, Gartenschere, Etiketten und Vermiculit. Nützlich sind auch Plastikpfropfen zum Aufsetzen auf eine Rankhilfe zum Schutz der Augen beim Hantieren mit den Pfanzen und Topffüße.

Tonscherben oder Steine: Legen Sie eine Schicht davon auf den Boden des Pflanzgefäßes, damit das Wasser besser abfliessen kann. Entweder zerschlagen Sie ein paar billige oder alte, beschädigte Tontöpfe, oder Sie fragen in Ihrer Gärtnerei nach, ob Sie ein paar Scherben bekommen können.

Pflanzschaufel: Damit lassen sich die Pflanzlöcher graben, obwohl das natürlich auch mit der Hand geht. Mit der Schaufel können Sie auch festen Boden an der Oberfläche auflockern oder hartnäckiges Unkraut entfernen, das sich nicht einfach herausziehen lässt.

Pikierstab: Nicht unbedingt notwendig, denn ein Finger, Stift oder Stock tun es

auch. Aber falls Ihre Lieben einen Tipp für ein Geburtstags- oder Weihnachtsgeschenk brauchen, sind sie damit gut beraten.

Gießkanne: Wählen Sie ruhig eine große Kanne, solange Sie sie im gefüllten Zustand noch gut tragen können. Der Giesskopf sollte mit einem möglichst feinen Sieb ausgestattet sein, der einen sanften Regen auf die Pflanzen rieseln lässt und nicht harten Strahl, der die Erde ausschwemmt und die Pflanzen flachdrückt.

Vermiculit: Dieses natürliche Tonmineral aus dünnen, flachen Plättchen dient zur Abdeckung frisch gesäter Samen, vor allem solcher, die Licht brauchen, um zu keimen, etwa Salat. Außerdem unterstützt das Granulat die sprießenden Sämlinge und senkt das Risiko von Moosbildung auf der Oberfläche, die den Samen am Aufgehen hindern kann.

Pflanzstäbe und Rankhilfen: Kletternde Gewächse (wie Bohnen) und hohe Pflanzen, die schwere Früchte tragen (wie Tomaten) müssen gestützt werden. Bambusstäbe gibt es in verschiedenen Größen. Sie können Sie als Stütze für einzelne Pflanzen benutzen oder sie für mehrere Pflanzen kegelförmig zusammenbinden. Die Pflanzen können mit Schnur, Draht oder Kabelbinder daran befestigt werden. Mit dünnen Stäben stützt man kleinere Pflanzen oder Rispen mit vielen Früchten. Es gibt weitere dekorative Rankhilfen aus Metall oder Plastik, zum Beispiel Türme oder Obelisken. Am besten stecken Sie die Rankhilfe gleich beim Einpflanzen in die Erde, damit beim späteren Einstecken die Wurzeln nicht beschädigt werden.

Pflanzetiketten: Versehen Sie jede Pflanze mit einem Etikett, auf dem Sie (mit wasserfestem Filzstift) den Namen und die Sorte sowie das Datum der Aussaat vermerken. Mit der Zeit werden sie vom Blattwerk verdeckt werden.

Manche Gemüse- und Obstsorten wollen selbst im Kübel gestützt werden. Die meisten Rank- und Stützhilfen können Sie Jahr für Jahr wiederverwenden.

Gartenschere: Hilfreich zum Zurechtstutzen oder um welke Blätter und verblühte Blüten zu entfernen.

Gärtnermesser: Ideal zum Abschneiden von Stöcken oder Schnur, um Säcke mit Erde aufzuschneiden und vieles mehr.

Schnur: Damit binden Sie Pflanzen an Stützstäben fest.

Gartenvlies und Folien: In kühleren Regionen, in denen es noch spät Fröste geben kann, sollten Sie die Kübel oder einzelne Pflanzen abdecken, um sie vor Frostschäden zu bewahren.

Netze schützen die Pflanzen vor Vögeln oder Kohlweißlingen, die ihre Eier ablegen, aus denen sich Raupen entwickeln, die die Blätter zerfressen.

Handschuhe sind zwar nicht zwingend, ersparen Ihnen aber viel Zeit, die Sie sonst zum Schrubben der Hände und Nägel benötigen würden.

WELCHE ERDE?

DIE ERDE IST DER »MOTOR« des Gartens. Wenn die Erde also »richtig eingestellt« ist, werden Sie mit gesunden, ertragreichen Pflanzen belohnt. Verwenden Sie nicht ausschließlich einfache Gartenerde. Diese besitzt nicht die ausgewogenen Nährstoffe, die bestimmte Pflanzen benötigen, und bietet auch nicht genug Durchlüftung und Durchlässigkeit – ganz wichtig bei Nutzpflanzen im Kübel. Außerdem kann einfache Erde Unkrautsamen und sogar Krankheitskeime bergen. Am besten nehmen Sie speziell für den Topf- oder Kübelanbau entwickelte Erde, die sterilisiert ist und ausreichende Durchlässigkeit und Durchlüftung gewährleistet.

GEEIGNETE SORTEN

Es gibt viele Sorten, die den Bedürfnissen Ihrer Kübelpflanzen gerecht werden. Sie finden sie in Ihrem Gartencenter, in Gärtnereien und in Heimwerkermärkten.

Substrat ohne Erde: Speziell für Kübelpflanzen entwickelt und aus Torf, Kokosfaser, Rinde oder Vermiculit bestehend, je nachdem, wofür man es braucht: für die Ansaat oder für Ableger, für kleine Kübel- oder Ampelpflanzen oder für große Behälter, bei denen das Wasser gut abfließen muss. Es ist locker, bietet eine gute Durchlüftung und hat einen neutralen pH-Wert. Außerdem liefert das Substrat im Allgemeinen genügend Nährstoffe für die ersten sechs Wochen. Danach müssen Sie Ihre Pflanzen düngen.

Der Schlüssel zum Erfolg liegt in der Erde. Mit torffreier, biologischer Erde können Sie nichts falsch machen.

Auf Erde basierendes Substrat enthält sterilisierte Erde, die einer Übertragung von Pflanzenkrankheiten vorbeugt, außerdem Lehm, der Nährstoffe speichert und freisetzt, Torf, der Wasser speichert und für gute Durchlüftung sorgt, Sand (für die Durchlässigkeit) sowie Nährstoffe wie Stickstoff, Phosphor und Kalium. Wählen Sie solches Substrat für Holzgewächse, also Obstbäume, oder Pflanzen, die einen reichhaltigen Boden brauchen.

Torffreie Erde: Da der Torfabbau negative Auswirkungen auf die Umwelt und die Ökologie in Moor- und Sumpfgebieten hat, ist es ratsam, auf Torf zu verzichten. Es gibt zahlreiche Alternativen. Allerdings müssen Sie mit torffreier Erde anders umgehen, da sie rascher austrocknet. Befolgen Sie die Anwendungshinweise. Nehmen Sie Erde mit Zusatzstoffen wie Biokohle, Algen und Mykorrhizapilzen, die günstig für den Kübelanbau sind.

Moorbeeterde: Beeren bevorzugen saure Erde, bei der der pH-Wert zwischen 4 und 5 liegt (neutrale Erde hat einen pH-Wert von 7, basische über 7). Saure Erde bietet das richtige Säureverhältnis für diese Pflanzen.

DIE VERWENDUNG DER ERDE

Manche Pflanzen, vor allem Mittelmeerkräuter, brauchen Erde, bei der das Wasser rasch abfließt. Universalerde kann man verbessern, um die richtigen Bedingungen herzustellen, indem man (sterilisierten) Sand oder Perlite hinzufügt. Beides verbessert die Durchlüftung und sorgt dafür, dass die Erde sich nicht mit Wasser vollsaugt und zusammenklumpt. Das Verhältnis zwischen Erde und Sand sollte etwa 3:1 betragen.

Am besten nehmen Sie jedes Jahr, wenn Sie einen Topf neu bepflanzen, frische Erde. Bei großen Gefäßen kann man im Frühjahr auch nur die oberen zwei Drittel Erde entfernen und durch neue ersetzen. Bei mehrjährigen Pflanzen, die in ihrem Behälter bleiben, bis sie nach etwa 3–4 Jahren umgetopft werden müssen, reicht es, wenn man 7–10 cm Erde durch neue ersetzt

Versetzen Sie die Erde mit Sand oder Perlit, um ihre Struktur zu verbessern. So kann das Wasser besser abfließen und die Erde wird lockerer.

WIE VIEL ERDE FÜR WELCHE TOPFGRÖSSE?

TOPFGRÖSSE (Durchmesser und Tiefe)	**VOLUMEN**
20 × 20 cm	6 l
30 × 20 cm	12 l
30 × 30 cm	24 l
40 × 20 cm	24 l
40 × 30 cm	36 l
40 × 40 cm	48 l
50 × 20 cm	42 l
50 × 30 cm	60 l
50 × 40 cm	78 l
50 × 50 cm	96 l
1 m lang, 50 cm breit (Trog)	390 l

DER RICHTIGE STANDORT

DIE MEISTEN PFLANZEN bevorzugen reichlich Sonne, nach Möglichkeit etwa 6–8 Stunden täglich. Pflanzen, die den ganzen Tag in der prallen Sonne stehen, trocknen jedoch rasch aus und müssen regelmäßig gegossen werden. Deshalb lohnt es sich, auch für diese sonnenhungrigen Gewächse für etwas Beschattung zu sorgen. Eine Wand oder Hecke bietet Schutz vor Regen, der insbesondere wenn er stark und anhaltend ist, manchen Containerpflanzen schwer zu schaffen machen kann, ebenso vor Wind, der die Erde in den Töpfen austrocknen und die Pflanzen schädigen kann. Besonders Bohnen, Erbsen, Auberginen und Paprika schätzen an windexponierten Standorten einen solchen Schutz. Manche Pflanzen vertragen aber auch Schatten, manche gedeihen sogar besonders gut darin – Johannisbeeren, Stachelbeeren, Salat, Radicchio, Erbsen und Spinat eignen sich besonders für solche Standorte.

In kühlen Regionen mögen es die Pflanzen, wenn sie vor Frost und tiefen Temperaturen geschützt werden. Hier hilft Vlies oder Folie. Pflanzen, die auch im Herbst oder über den Winter geerntet werden können, brauchen manchmal ebenfalls einen solchen Schutz oder sollten in ein Gewächshaus oder einen Schuppen umgesiedelt werden.

Topffüße sorgen dafür, dass das Wasser abfließen kann und die Wurzeln nicht in der nassen Erde liegen.

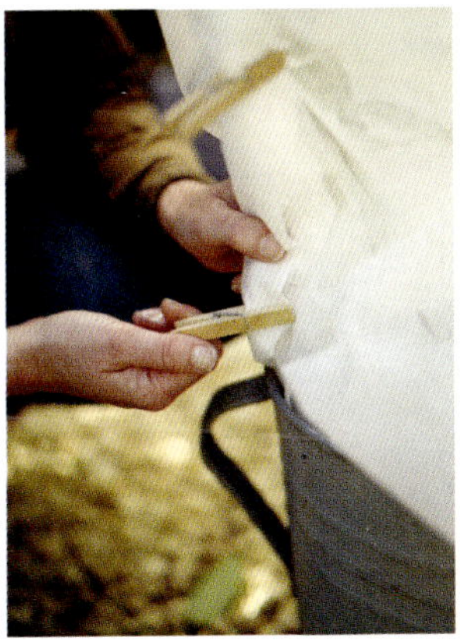

Manche Obst-, Gemüse und Kräutersorten sind mehrjährig und winterhart, sollten aber vor strenger Kälte geschützt werden. Umhüllen Sie sie dazu mit Gartenvlies.

Pflaster oder Kies sind ein guter Untergrund für Pflanzgefäße. Topffüße aus Terrakotta sorgen dafür, dass das Wasser gut abfließen kann, und verhindern, dass der Topf in einer Pfütze steht oder dass Schädlinge von unten in den Topf kriechen. Lassen Sie auch ausreichend Platz zwischen den Töpfen, damit die Luft zirkulieren kann und das Risiko der Ausbreitung von Krankheiten oder Schädlingen verringert wird. Stellen Sie höhere Gewächse hinter niedrigere, damit auch die Kleinen noch genug Sonne bekommen.

Ideal ist ein Platz in der Nähe des Hauses, damit Sie Ihre Pflanzen immer im Blick haben, sich jederzeit um sie kümmern und sie auch leicht ernten können. Besonders gut kommen die Formen der Töpfe und die Pflanzen vor einem schlichten Hintergrund zur Geltung, etwa einer blanken Wand. Gruppen von Töpfen können auch als Sichtschutz oder als eine Art bewegliche Hecke dienen.

WANN ERNTEN?

MANCHE PFLANZEN IN DIESEM BUCH liefern Ihnen mehr Früchte, als Sie für das jeweilige Gericht benötigen, andere vielleicht nur für ein paar Portionen. Der Ertrag hängt auch von der jeweiligen Pflanze und Sorte ab.

Zucchini können fast den ganzen Sommer lang geerntet werden. Warten Sie nicht, bis die restlichen Zutaten für das vorgeschlagene Gericht reif sind, sondern ernten Sie die Zucchini, wann immer eine Frucht die richtige Größe erreicht hat.

Rote Bete kann schon als sehr kleine Knolle genutzt werden, etwa roh als köstliche Zutat für einen Salat. Reifere, größere Knollen eignen sich hervorragend für eine Suppe.

Junger, zarter **Mangold** und junge **Karotten** sind ebenfalls im Rohzustand in Salaten köstlich, während sie im ausgewachsenen Zustand ergiebiger und ideal für ein Pesto sind.

Selber gezogene **Kräuter** sind ihr Geld wirklich wert: Sie können vom Frühsommer bis zum Spätherbst geerntet werden. Viele, etwa Thymian, Petersilie und Rosmarin, lassen sich auch gut überwintern.

Viele Pflanzen kann man ernten, bevor sie völlig ausgereift sind, und als zartes Frühgemüse servieren. **Knoblauch, Schalotten und Zwiebeln** sind reif, wenn die Blätter welk werden, können aber selbstverständlich auch früher geerntet werden. Junger, noch saftig-feuchter Knoblauch schmeckt köstlich und viel milder als der ausgewachsene.

Viele **Blattgemüse** können Sie wie Pflücksalat verwenden, indem Sie die jungen Blätter regelmäßig abernten. Manche Kohlsorten, etwa **Weißkohl**, können Sie zwei Mal ernten, wenn Sie sich bei der ersten Ernte mit einem kleineren Kopf zufrieden geben. Ritzen Sie in den verbliebenen Stängel kreuzweise ein, das regt das Wachstum eines zweiten Kopfes an.

Zucchiniblüten sind hübsch und ausgesprochen köstlich. Schon allein deshalb lohnt es sich, dieses oft unterschätzte Gemüse anzubauen.

Viele der hier vorgestellten Pflanzen liefern auch andere essbare Köstlichkeiten neben der eigentlichen Frucht, die Sie für das Rezept brauchen. **Fenchelpollen** etwa ergeben eine wunderbare Garnitur für Fischgerichte, getrocknete Fenchelsamen würzen Suppen und Eintöpfe.

Die **Blätter der Roten Bete** schmecken im Frühstadium hervorragend als Salatbeigabe. Gefüllte, in einen Ausbackteig getunkte

Essbare Blumen ergeben hübsche Farbtupfer im Pflanzgefäß und bei vielen Gerichten eine wohlschmeckende Garnitur.

Hängen Sie überzählige Chilis zum Trocknen auf. In den Wintermonaten peppen Sie damit viele Suppen und Eintöpfe auf.

und frittierte **Zucchiniblüten** sind eine Delikatesse der Mittelmeerküche.

Verzweifeln Sie nicht, wenn Ihre **Salatpflanzen** in die Höhe schießen und zu blühen beginnen. Die Blätter sind dann zwar meist zu bitter zum Genuss, doch die zarten, bunten Blüten sehen, über ein Gericht gestreut, fantastisch aus, und viele schmecken obendrein auch sehr gut. Am besten entfernen Sie Stängel, Blütenstempel und Staubbeutel und verwenden wirklich nur die Blütenblätter. Natürlich ist darauf zu achten, dass Sie nur essbare Blüten verwenden.

Tomaten, die im Herbst noch nicht reif sind, ernten Sie grün und legen sie zusammen mit reifen Früchten oder mit einer Banane in einer Papiertüte auf ein sonniges Fensterbrett. So wird der Reifeprozess beschleunigt. Man kann sie aber auch in ein köstliches grünes Chutney verwandeln oder wie Gemüse braten. Grüne (unreife) Chilis sind milder als die ausgereiften, auch sie reifen im Haus noch nach. Reihen Sie überzählige Chilis auf einer Schnur auf und hängen Sie sie an einem warmen, trockenen Platz auf, um sie im Winter nach und nach zu verbrauchen.

SAMEN UND AUSSAAT

DIE ANZUCHT AUS SAMEN ist viel billiger, als Jungpflanzen zu kaufen. Zudem ist es eine immense Befriedigung zu sehen, wie die Samen keimen, die Sämlinge durch die Erde dringen und man einige Wochen später die selbst gezogenen Setzlinge einpflanzen kann.

Je nach Samenmenge benötigen Sie einen etwa 10 cm großen Topf oder eine Anzuchtschale (eventuell unterteilt in Einzeltöpfchen). Bei vielen der Pflanzrezepte ist als Mengenangabe eine Tüte Samen angegeben; Sie müssen aber keineswegs die ganze Tüte aussäen. Wenn im Rezept drei Pflanzen erforderlich sind, sollten Sie zur Sicherheit die doppelte Menge aussäen, entweder in einem 10-cm-Topf oder in drei Abteilen einer Anzuchtschale, also zwei Samen pro Abteil. Wenn Sie genügend Platz haben und die Sämlinge in andere Töpfe oder in ein Gartenbeet auspflanzen können, können Sie natürlich auch mehr säen, oder Sie verschenken überzählige Pflänzchen.

In den Topf oder die Anzuchtschale geben Sie Anzuchterde, die Sie durch Aufklopfen auf den Boden oder eine andere Unterlage verdichten. Falls nötig, geben Sie noch etwas Erde nach, sodass sie fast bis zum Rand reicht, und drücken sie fest. Ziel ist eine feste, gleichmäßig flache Oberfläche zum Aufstreuen der Samen. Am besten gießen Sie die Erde vor dem Säen, damit die Samen nicht durch das Wasser weggespült werden. Sehr kleine Samen können Sie zum gleichmäßigeren Aussäen mit feinem Sand mischen.

Als Nächstes empfiehlt sich eine Schicht Vermiculit, das leichter und lichtdurchlässiger ist als Erde (die meisten kleinen Samen brauchen Licht, um zu keimen) und das die

SÄEN SCHRITT FÜR SCHRITT

Füllen Sie die Anzuchtschale knapp bis zum Rand mit Erde. Drücken Sie die Erde mithilfe einer zweiten, leeren Schale fest.

Gießen Sie die Erde vor der Aussaat. Säen Sie die Samen gemäß Packungsangabe.

Bedecken Sie kleine, zarte Samen lieber mit Vermiculit als mit Erde. Die Sämlinge verwelken dann weniger leicht.

PIKIEREN SCHRITT FÜR SCHRITT

Füllen Sie einen 10-cm-Topf bis knapp unter den Rand mit Erde, drücken Sie die Erde fest, machen Sie ein Loch in der Mitte.

Heben Sie den Sämling vorsichtig aus der Erde – die zarten Wurzeln sollten von Erde umhüllt bleiben – und setzen Sie ihn in das Loch.

Die Wurzeln sollten gut ausgebreitet sein. Drücken Sie die Erde sanft fest, und gießen Sie den Sämling gut an.

zarten aufkeimenden Sämlinge außerdem stützt.

Wenn auf der Samenpackung eine gewisse Bodentiefe angegeben ist, säen Sie den Samen auf der Erdoberfläche aus und bedecken ihn mit der erforderlichen Menge Erde; in diesem Fall müssen Sie beim Füllen des Behälters mit Erde entsprechend Platz lassen. Für größere Samen, etwa Bohnen oder Kürbis, bohren Sie mit dem Finger ein entsprechend tiefes Loch, legen einen Samen hinein und bedecken ihn mit Erde.

PFLEGE DER SÄMLINGE

Am besten keimen Samen in einer trockenen, warmen Umgebung. Bestens geeignet ist ein Gewächshaus oder eine Bank im Gartenschuppen oder auch ein sonniges Fensterbrett. Bedecken Sie die Anzuchtschale oder den Topf mit einer Plastiktüte, die Sie an einem kurzen Stock darüber befestigen, damit die Feuchtigkeit im Inneren erhalten bleibt. Manche Samen brauchen viel Wärme, um zu keimen. Dafür gibt es Zimmergewächshäuser mit einem Deckel.

Halten Sie die Erde gut feucht, aber nicht zu feucht; bei zu nasser Erde können die Samen manchmal nicht keimen oder der Sämling plötzlich verwelken. Ursache sind oft Pilze in der Erde. Dem können Sie vorbeugen, indem Sie Töpfe und Schalen vor ihrem Einsatz gründlich säubern und die Samen nicht zu dicht aussäen, damit die Sämlinge nicht zu eng stehen und die Luft gut zirkulieren kann. Bei einem Befall der Sämlinge bleibt nichts anderes übrig, als Pflänzchen und Erde zu entsorgen und noch einmal in einer frischen Schale neu anzusäen.

Sobald die Sämlinge in der Anzuchtschale groß genug sind, pikieren Sie sie und pflanzen sie in 10-cm-Töpfe um, bevor sie schließlich an ihren endgültigen Standort kommen. Halten Sie das Pflänzchen lieber an einem Blatt als an seinem empfindlichen Stiel fest, benutzen Sie einen Pikierstab, um die Erde um die Wurzeln zu lockern, und setzen Sie das Pflänzchen vorsichtig in den neuen Topf.

JUNGPFLANZEN EINPFLANZEN

KONTROLLIEREN SIE ALS ERSTES, ob das Pflanzgefäß genügend Abflusslöcher besitzt. Als Faustregel für ein Gefäß von 35 cm Durchmesser gilt: 6–8 jeweils etwa 1 cm große Löcher. Wenn das Gefäß aus einem Material besteht, in das man gut Löcher bohren kann, bringen Sie wenn nötig in gleichmäßigen Abständen noch ein paar zusätzliche Löcher an.

Als Nächstes verteilen Sie eine Lage Tonscherben auf dem Boden, damit das Wasser besser abfließen kann, dann kommt die passende Erde darauf. Für Pflanzen, die eine eher durchlässige Erde brauchen, vermengen Sie die Erde mit Sand oder Perlit. Für eine sehr durchlässige Erde, wie sie Kräuter wie Thymian und Oregano lieben, verwenden Sie dieselbe Menge Sand wie Erde.

Stellen Sie die für die Topfgröße erforderliche Menge organischen Dünger bereit. Die Hälfte arbeiten Sie in die Erde ein, nachdem der Behälter etwa zur Hälfte gefüllt ist. Dann kommt die restliche Erde in den Behälter, zum Schluss der restliche Dünger, den Sie wiederum gut untermischen. Füllen Sie das Gefäß bis etwa 2–3 cm unter den oberen Rand, damit die Erde beim Gießen nicht darüberschwappt.

DIE RICHTIGE GRÖSSE DER PFLANZE

Jungpflanzen werden teilweise nur mit dem Erdballen und nicht in Töpfen verkauft. Solche Pflänzchen müssen sofort in 10-cm-Töpfe eingepflanzt werden und dort etwa einen Monat lang anwachsen, damit sie starke Wurzeln entwickeln. Ebenso verfahren Sie mit Ihren selbst gezogenen Pflänzchen: abwarten, bis es keinen Frost mehr gibt, und alle erst einmal in 10-cm-Töpfen an einem warmen Ort wachsen lassen.

OBEN: Die dicht stehenden Sämlinge werden vorsichtig voneinander gelöst und einzeln in 10 cm-Töpfe gesetzt, bevor sie an ihren endgültigen Standort kommen. RECHTS: Überschüssige Sämlinge können weiter in kleinen Töpfen gezogen werden, um später Lücken in den Pflanzkübeln zu füllen, die beim Ernten der Hauptfrüchte entstehen.

Wenn nicht anders vermerkt, ist dies das übliche Vorgehen für die meisten Pflanzen in diesem Buch. Manche Kräuter, wie etwa Lorbeer, und Obstsorten, etwa Johannisbeeren, mögen größere Töpfe, die mindestens einen Liter Erde fassen. Dies kommt ihrem langsameren Wachstum entgegen und sorgt dafür, dass sie auch schon in der ersten Saison Früchte tragen. Containerpflanzen kann man das ganze Jahr über einpflanzen, aber am besten macht man es vom Herbst bis zum Frühjahr, wenn die Pflanze sich in der Winterruhe befindet oder gerade wieder zu wachsen beginnt.

APORREZ
OTTEGEM

Wenn die Sämlinge groß genug zum Umpflanzen sind und keine Frostgefahr mehr besteht, können sie an ihrem endgültigen Standort eingepflanzt werden. Der Wurzelballen sollte dabei erhalten bleiben.

Manche Pflanzen bekommt man mit nackten Wurzeln (mindestens ein Jahr alte Pflanzen, die im Freien gezogen wurden und deren Wurzeln nur lose in Erde oder Plastik verpackt sind). Ableger von Himbeeren und Brombeeren sowie Rote Johannisbeeren sind mit nackten Wurzeln im Herbst bis zum späten Winter erhältlich. Diese sollten Sie möglichst sofort einpflanzen. Wenn es dafür zu feucht und kalt ist, pflanzen Sie sie in einen vorübergehenden Behälter, oder Sie graben ein flaches Pflanzloch, legen die Pflanze schräg hinein und bedecken die Wurzeln mit dem Aushub.

DAS PFLANZGEFÄSS BEPFLANZEN

Egal, ob die Pflanze groß oder klein ist, gießen Sie sie gut, bevor Sie sie umsetzen. Das Pflanzloch sollte genauso tief und etwas größer sein als der Topf, in dem die Pflanze bisher gewachsen ist. Entfernen Sie behutsam den ursprünglichen Topf, damit die Wurzeln keinen Schaden nehmen. Stellen Sie die Pflanze in das Pflanzloch und überprüfen Sie, ob sich der Wurzelballen im Verhältnis zur Erdoberfläche im neuen Behälter auf derselben Höhe befindet wie

SETZLINGE EINPFLANZEN SCHRITT FÜR SCHRITT

Entnehmen Sie den Setzling vorsichtig dem Abteil in der Anzuchtschale.

Graben Sie im Pflanzgefäß ein Loch, das etwa so groß ist wie der Wurzelballen des Setzlings. Pflanzen Sie den Setzling ein, drücken Sie die Erde sanft fest.

Gießen Sie reichlich. Pikieren Sie die wachsenden Setzlinge, falls nötig, indem Sie die schwächsten herauszupfen oder schon als Jungpflanzen ernten.

vorher. Füllen Sie mit Erde auf, drücken Sie sie um den Stamm herum fest, und gießen Sie die Pflanze gut an.

Wenn Sie Gehölze oder Pflanzen mit nackten Wurzeln einpflanzen, sollten diese erst eine Weile gewässert werden. Das Pflanzloch soll so groß sein, dass die Wurzeln sich gut ausbreiten können. Achten Sie darauf, dass die Pflanze genauso tief in der Erde steckt wie zuvor; die Stelle ist anhand der unterschiedlichen Färbung der Rinde am unteren Ende des Stamms, beim Übergang zum oberirdischen Holz gut erkennbar. Halten Sie die Pflanze am Stamm fest, wenn Sie das Pflanzloch mit Erde auffüllen, lassen Sie auch zwischen die Wurzeln Erde rieseln.

DIE BEPFLANZUNG DES PFLANZGEFÄSSES SCHRITT FÜR SCHRITT

Sorgen Sie dafür, dass das Pflanzgefäß genügend Abflusslöcher aufweist. Legen Sie eine Schicht Tonscherben auf den Boden.

Füllen Sie das Gefäß bis etwa 5 cm unterhalb des Randes mit Erde. Arbeiten Sie organischen Langzeitdünger ein.

Das Pflanzloch sollte etwas größer sein als der Wurzelballen. Mengen Sie falls nötig Sand bei.

Nehmen Sie die Pflanze vorsichtig aus dem Topf und stellen Sie sie in das Pflanzloch – auf derselben Höhe wie vorher im Topf. Füllen Sie mit Erde auf und drücken Sie diese sanft an.

Gießen Sie den fertig bepflanzten Behälter gut. Bis die Pflanzen sich an ihren neuen Standort gewöhnt haben, sollte weiter großzügig gegossen werden.

Kontrollieren Sie Ihre Pflanzen regelmäßig. Falls es Probleme gibt, braucht es schnelle Abhilfe.

GIESSEN

ANDERS ALS PFLANZEN, die im Boden wachsen, können Kübelpflanzen ihre Wurzeln nicht zu einer natürlichen Wasserquelle ausstrecken. Selbst ein kräftiger Regenguss bewässert Ihre Pflanzen nicht immer ausreichend, etwa wenn der Blattwuchs so dicht ist, dass nicht genügend Wasser bis auf die Erde gelangt. Gießen Sie die Pflanzen regelmäßig, und lassen Sie die Erde nicht austrocknen. Bei großer Hitze müssen Sie vielleicht sogar zwei Mal täglich gießen. Kleine Töpfe trocknen rascher aus als große, die regelmäßig und großzügig gegossen werden müssen. Bei nicht sehr durstigen Pflanzen (z. B. Tomaten und Mais) müssen große Kübel eventuell nicht täglich gegossen werden.

Zu viel Wasser kann auch schaden und dazu führen, dass Blätter welk oder braun werden und die Pflanze abstirbt. Dem kann man vorbeugen, indem man dafür sorgt, dass das Wasser abfließen kann (durch Löcher im Boden und Tonscherben). Überprüfen Sie die Erde vor dem Gießen; wenn sie sich feucht anfühlt, ist Gießen überflüssig. Bei Pflanzen mit unterschiedlichem Wasserbedarf im selben Pflanzgefäß stecken Sie eine abgeschnittene Plastikflasche nahe der durstigeren Pflanze in die Erde, um so das Wasser direkt zu ihren Wurzeln zu leiten und die Erde rund herum trockener zu halten.

DIE ERDE FEUCHT HALTEN

Gießkanne: Zum Bewässern von Kübelpflanzen ideal. Nehmen Sie den Gießkopf ab, um einen steten Wasserstrahl direkt zu den Wurzeln zu lenken und die Blätter nicht zu benetzen. Das ist auch wichtig, um Pilzkrankheiten wie Mehltau auf Pflanzen wie Zwiebeln, Knoblauch, Zucchini und Beerenobst zu vermeiden.

Links: Eine große Gießkanne mit einem feinen Sieb ist ein Muss für den Kübelanbau. Die Töpfe dürfen nicht austrocknen.

Wer seine Pflanzgefäße nicht täglich gießen kann, sollte Alternativen erwägen, etwa wasserspeicherndes Granulat, ein Bewässerungssystem oder Mulch.

Wasserspeicherndes Granulat wird vor der Bepflanzung in die Erde eingearbeitet und sorgt dafür, dass weniger gegossen werden muss, kann jedoch das Gießen nicht ersetzen.

Mulchen: Mulch verringert Unkrautbildung, hält die Wurzeln kühl und speichert Feuchtigkeit, doch die meisten Pflanzen beschatten die Erde schon allein durch ihre Blätter. Wenn die Erdoberfläche noch nicht beschattet ist, die Pflanzen also noch sehr jung sind oder wenn Sie einen Obstbaum, Lorbeer- oder Lavendelstrauch in einem Kübel ziehen, können Sie die Erde mit Mulch bedecken. Auch zerbrochene Muscheln sehen hübsch aus und halten bis zu einem gewissen Grad Schnecken fern.

Bewässerungssysteme: Mit kleinen Löchern versehene Schläuche oder Bewässerungskegel sind relativ leicht zu installieren und kosten nicht die Welt. Ideal für alle, die nicht jeden Tag zu Hause sind und sich nicht auf Nachbarn verlassen können, die sich um Ihre Pflanzen kümmern.

DÜNGEN

KÜBELPFLANZEN sind darauf angewiesen, dass der Erde regelmäßig Nährstoffe und Spurenelemente zugeführt werden, damit sie alles haben, was sie zum Wachsen und zur Fruchtbildung brauchen. Im Freibeet wachsende Pflanzen können auf die natürlicherweise in der Erde vorkommenden Substanzen zurückgreifen.

Ratsam ist es, vor der Bepflanzung einen organischen Allzweck-Langzeitdünger (auch Hornspäne und Knochenmehl) in die Erde einzuarbeiten, der für stetes Wachstum und eine gute Ernte sorgt. Befolgen Sie für die Dosierung die Packungsangaben. Dieser Dünger beschleunigt das Wachstum in der ersten Phase, also etwa 6 Wochen lang. Danach, ab der Mitte des Frühjahrs bis zum späten Sommer, brauchen Ihre Pflanzen zusätzlich Bio-Flüssigdünger. Dieser sollte mit dem Gießwasser auf der gut feuchten Erde verteilt werden, damit die Wurzeln die Nährstoffe rascher aufnehmen können.

DIE DREI WICHTIGSTEN NÄHRSTOFFE

Volldünger werden auch als NPK-Dünger bezeichnet. Das NPK-Verhältnis gibt an, in welchen prozentualen Anteilen Stickstoff (N), Phosphor (P) und Kalium (K) im Dünger enthalten sind. Bei Grünpflanzen-Dünger zum Beispiel 7:3:6 oder 15:5:20, wobei bei höheren Werten (höherer Konzentration) weniger Dünger benötigt wird. Bei Blütenpflanzen-Dünger ist das Verhältnis etwa 6:4:7. Dünger auf der Basis von Geflügelmist haben einen relativ hohen Anteil an Phosphor und Kalium. Algendünger enthalten besonders viel Kalium. Überprüfen Sie die jeweilige Zusammensetzung auf der Düngerpackung im Hinblick auf die von Ihnen benötigte Art der Düngung.

Stickstoff (N) ist notwendig für die Anregung des Blattwachstums und für die Bildung von Chlorophyll. Phosphor (P) sorgt für gesundes Wurzelwachstum und stimuliert die Blüten- und Fruchtbildung. Kalium (K) fördert das Wachstum kräftiger Blüten und Früchte und hilft bei der effektiven Aufnahme von Wasser. Wenn Sie einen ausgewogenen, vielseitig verwendbaren Dünger bevorzugen, sollte er Stickstoff, Phosphor und Kalium in ungefähr gleichen Anteilen enthalten, allerdings erreichen Sie damit vielleicht nicht den maximalen Ertrag von Ihren Pflanzen. Verabreichen Sie den Dünger nach Gebrauchsanweisung. Im Zweifelsfall ist es besser, weniger zu düngen. Überdosierung kann die Pflanzen durch zu hohe Salzkonzentration schädigen.

In der Wachstumsphase müssen Kübelpflanzen regelmäßig gedüngt werden, damit sie alle nötigen Nährstoffe bekommen. Nach etwa 6 Wochen versorgen Sie Ihre Pflanzen alle zwei Wochen mit Flüssigdünger.

DIE PFLEGE DER PFLANZEN

DIE NÖTIGE PFLEGE Ihrer Kübelpflanzen richtet sich nach ihren jeweiligen Bedürfnissen. Grundsätzlich sollten welke oder kranke Blätter und Blüten regelmäßig entfernt werden.

Pflanzen wie Tomaten, Bohnen und Erbsen brauchen eine Stütze. Die sich im Laufe des Wachstums bildenden neuen Triebe werden fortlaufend an einem Stab festgebunden. Der Stab sollte größer sein als die ausgewachsene Pflanze, bei Minisorten etwa 90–125 cm, bei normalen 1,75–2,5 m für Tomaten und Bohnen. Die Stäbe können aus Bambus, Holz, beschichtetem Stahl oder Plastik sein. Binden Sie die Pflanzen mit Schnur oder Bast an dem Stützstab fest: die Schnur zuerst am Stützstab verknoten, dann locker um den Trieb schlingen und noch einmal verknoten. Sie können auch Clips aus Metall oder Plastik verwenden. Die Stützstäbe sollten gleich beim Einpflanzen in die Erde gesteckt werden, um nicht bei späterem Einstecken die Wurzeln zu beschädigen.

Bei Tomaten, Bohnen, Paprika und Erbsen sollten die Jungtriebe in den Blattachsen entfernt (ausgegeizt) werden, um Form und Größe der Pflanze zu kontrollieren. Kräuter und verwelkte Blüten etwa von Ringelblumen und Veilchen sollten regelmäßig gepflückt werden, damit die Pflanzen buschig bleiben und immer neue Blätter und (essbare) Blüten produzieren. Schneiden Sie Erdbeerableger ab, damit mehr Kraft in die Frucht geht, mulchen Sie mit Stroh, um die Früchte sauber zu halten. Obstbäume müssen in der entsprechenden Jahreszeit beschnitten werden, um für einen guten Ertrag im folgenden Jahr und optimalen Wuchs zu sorgen.

Für eine reiche Ernte lohnt es sich, die Töpfe neben den Nutzpflanzen auch mit bienenfreundlichen Blumen zu bepflanzen, die für Bestäubung sorgen. Günstig sind beispielweise Lavendel, Liliengewächse, Katzenminze *(Nepeta)*, Fingerhut *(Digitalis)*, Storchschnabel *(Geranium)*, Königskerze *(Verbascum)*, Eisenkraut *(Verbena)* und Bartfaden *(Penstemon)*.

Schützen Sie die Pflanzenbehälter bei sinkenden Temperaturen. Umhüllen Sie empfindliche Pflanzen oder gleich den ganzen Topf mit Gartenvlies oder Blisterfolie. Sorgen Sie dafür, dass das Material nicht direkt auf den Pflanzen aufliegt, denn mangelnde Belüftung fördert das Auftreten von Schädlingen und Krankheiten. Die Folie sollte die Pflanzen etwa 7–10 cm überragen. Stecken Sie Stöcke in alle vier Ecken des Behälters und legen Sie die Folie darum herum. Bei großer Kälte oder zum Überwintern sollten die Töpfe in ein Gewächshaus oder einen Wintergarten gestellt werden.

Binden Sie den Trieb mithilfe einer zu einer Acht gelegten Schnur fest, damit er nicht am Stab reibt.
Damit Pflanzen in die Höhe wachsen und nicht zu buschig werden, zwicken Sie die Seitentriebe ab.

SCHÄDLINGE UND KRANKHEITEN

KÜBELPFLANZEN sind für Schädlinge und Krankheiten genauso anfällig wie Pflanzen im Gartenbeet, sie sind jedoch leichter zu beobachten, wenn sie in der Nähe des Hauses stehen. Deshalb können Sie schon beim ersten Anzeichen von Problemen gegensteuern. Im Folgenden ein kurzer Überblick über die häufigsten Schädlinge und Krankheitsverursacher.

Schnecken finden junges, grünes Blattwerk unwiderstehlich. Schneckenkörner und Kupferband sind einen Versuch wert, aber es geht nichts über die regelmäßige Kontrolle, am besten abends mit der Taschenlampe, um Schnecken abzusammeln und zu beseitigen.

Dickmaulrüssler sind für Kübelpflanzen ein Problem, weil die ausgewachsenen Käfer in der Wachstumsphase die Blätter anfressen und die weißen Larven im Herbst und Winter die Wurzeln schädigen. Erdbeeren sind besonders gefährdet. Für Zierpflanzen können chemische Mittel zum Einsatz kommen, aber für Nutzpflanzen sollte man zu biologischen Mitteln greifen. Es gibt Fadenwürmer (Nematoden), die die Larven abtöten (Anwendung gemäß Anleitung). Sie können auch, am besten bei Dunkelheit mit der Taschenlampe, Jagd auf die ausgewachsenen Käfer machen.

Blattläuse befallen gerne Dicke Bohnen und andere Nutzpflanzen. Man kann sie zerquetschen, mit dem Gartenschlauch abspritzen oder mit einem biologischen Insektenspray bekämpfen.

Begleitpflanzen wie die Ringelblume locken Schädlinge weg von den kostbaren Nutzpflanzen.

Kohlweißlinge können großen Schaden an Kohlsorten wie Weißkohl oder Pak Choi anrichten. Überprüfen Sie die Blattunterseiten nach Eiern oder Raupen und entfernen Sie sie. Bei stärkerem Befall kann man auch auf ein Kontaktinsektizid zurückgreifen.

Algen, Lebermoos und andere Moosarten entwickeln sich auf der Oberfläche der Erde, wenn diese zu feucht oder zu stark verdichtet ist. Ersetzen Sie die oberste Erdschicht durch frische Erde und geben Sie, auch zur Zierde, etwas Mulch oder Kieselsteinchen darauf.

HILFE STEHT BEREIT

Begleitpflanzen können helfen, Krankheiten in Schach zu halten, und dem Pflanzgefäß zusätzlich Farbe und Abwechslung verleihen. Man kann auch separate Töpfe mit Begleitpflanzen neben dem Hauptbehälter aufstellen. Der starke Duft von Tagetes zieht Karottenfliegen an und hält Weißfliegen von den Tomaten fern. Kapuzinerkresse lädt Kohlweißlinge dazu ein, auf ihr zu brüten statt auf den kostbaren Kohlgewächsen, und lockt auch Blattläuse weg von Bohnen.

ERNTE UND LAGERUNG

WENN SIE KÖNNEN, ernten Sie Früchte und Gemüse zu unterschiedlichen Zeiten ihres Vegetationszyklus, denn junges Gemüse schmeckt ganz anders als das ausgereifte. Selbst gezogenes Gemüse und besonders solches aus Kübeln wird nicht ganz so groß wie die Sorten, die man im Laden bekommt. Setzen Sie daher weniger auf Größe als vor allem auf Geschmack und Beschaffenheit.

Probieren Sie Gemüse ruhig auch mal als Babygemüse; dann sind sie besonders zart und schmackhaft.

DIE ERNTE

Als Faustregel gilt, am besten am frühen Morgen zu ernten, wenn der Tau verdunstet ist, oder bei bewölktem Himmel, weil die Früchte dann einen höheren Wassergehalt haben. Nehmen Sie ein Sieb, einen Eimer oder einen Korb mit, um die Gemüse und Früchte einzusammeln.

Kübelpflanzen lassen sich ganz einfach ohne Leiter oder andere spezielle Hilfsmittel ernten. Für manche Sorten empfiehlt sich ein Messer oder eine Gartenschere, zum Beispiel Spargel, Tomaten, Blattgemüse und Kräuter, aber es geht auch ohne Werkzeug. Man kann die Tomaten auch vom Zweig abdrehen, Bohnen und Erbsen mit den Nägeln abzwicken, und an Zucchini sanft ziehen, bis sie sich lösen. Kräuter sollte man regelmäßig abzupfen, das regt das Wachstum an und sorgt für eine gesunde Pflanze. Bei Pflanzen, die Bienen und andere bestäubende Insekten anlocken, können Sie ein paar Stängel blühen lassen, um die natürlichen Kreisläufe ein wenig zu unterstützen. Aber Sie können selbstverständlich auch alles ernten und die Pflanze keine Samen bilden lassen.

In diesem Buch geht es darum, genau das zu ernten, was man am selben Tag für ein Gericht braucht. Für die meisten Rezepte werden Sie mehr oder weniger alle Früchte benötigen, die Sie in Ihrem Kübel gezogen haben. Somit entfällt auch das Problem der Lagerung, und Sie müssen auch nicht Tag für Tag das gleiche Gemüse essen. Allerdings produzieren manche Pflanzen fortlaufend weitere Früchte, etwa Zucchini und Tomaten. Deshalb sollten Sie überlegen, was Sie mit der überschüssigen Ernte anfangen wollen, wenn Sie sie nicht an Freunde und Verwandte verschenken wollen.

Flechten Sie Knoblauchzöpfe, um die Knollen zu lagern, bis sie Verwendung finden. Es ist leichter, als es aussieht, und das Ergebnis macht viel her.

LAGERUNG

Manche Früchte wie Tomaten, Chilis und Paprika kann man entweder am Strauch ausreifen lassen oder sie früher ernten und in der Küche nachreifen lassen. Andere sollte man lieber an einem kühlen, trockenen Ort lagern, etwa Zwiebeln, Knoblauch und Schalotten sowie Wurzelgemüse und Baumobst. Eine Garage bietet sich an, aber auch ein ungeheizter Ort im Treppenhaus oder Flur. Früchte wie Äpfel und Birnen sollten Sie einzeln in Zeitungspapier einwickeln und in einen Behälter legen, in dem sie sich nicht berühren. So halten sie am längsten. Zwiebeln und Knoblauch sollten gut getrocknet werden, bevor man sie einlagert, entweder zu einem Zopf geflochten oder in Reihen ausgelegt. Wurzelgemüse wie Karotte und Rote Bete kann man zur Lagerung in einem Behälter mit trockenem Sand vergraben.

Man kann die Ernte jedoch auch einmachen, als Vorrat für die Zeit, wenn frisches Gemüse rar ist. Marmeladen, sauer Eingelegtes und Chutneys sind rasch gemacht und sind eine willkommene Ergänzung in den an Frischprodukten mageren Monaten. Viele Gemüse- und Obstsorten sowie Kräuter lassen sich auch gut einfrieren, wobei Geschmack und Nährstoffe erhalten bleiben.

Ihre Ernteüberschüsse konservieren Sie am besten für die Wintermonate, wenn es nicht mehr viel Frisches gibt.

Zucchini-Fenchel-Tarte
Dicke-Bohnen-Creme mit Salbei
Baba Ganoush

Dreierlei Hummus

KLEINER IMBISS

Thymianplätzchen und Brombeeren

mit Honig und Thymian

ZUCCHINI-FENCHEL-TARTE

Zucchini sind ein Muss für den Balkongarten. Die gelben Blüten sind ein hübscher Farbtupfer, die Früchte schmecken hervorragend, lassen sich den ganzen Sommer über ernten und sind vielseitig verwendbar. Man kann sie roh essen, braten, grillen oder süß-sauer einlegen. Der hoch aufragende fein gefiederte Fenchel verleiht dem Arrangement Höhe und Struktur und ergibt im fertigen Gericht eine köstliche Geschmackskombination.

1 Tüte Knollenfenchelsamen 'Sirio'
1 Tüte Mini-Zucchini-Samen 'Piccolo' F1
5 Steckzwiebeln 'Sturon'
1 Tüte Ringelblumensamen (*Calendula officinalis*, 'Indian Prince')
1 Kübel, 50 cm Durchmesser
Mehrzweckerde oder auf Erde basierendes Substrat
Organischer Langzeitdünger

ANBAU

Anpflanzen: frühes Frühjahr, Aussaat: Mitte Frühjahr

- Den Behälter an einen sonnigen, geschützten Platz stellen und mit Erde füllen, dabei organisches Düngergranulat, das langsam Nährstoffe abgibt und für stetes Wachstum und reiche Ernte sorgt, einarbeiten.
- In Reihen im Beet angebaut, setzt man Zwiebeln im Abstand von 10 cm. Im Kübel können sie etwas enger stehen, werden dann zwar etwas kleiner, aber dennoch schmackhaft. Wenn Sie ein oder zwei Zwiebeln frühzeitig ernten, können die restlichen zur vollen Größe heranreifen. Zu Beginn des Frühjahrs die Steckzwiebeln in einer Gruppe auf einer Seite des Behälters in die Erde stecken. Die Spitzen sollen ein wenig über das Erdreich hinausragen.
- Fenchel, Zucchini und Ringelblumen können ab Mitte Frühjahr in Anzuchtschalen im Haus ausgesät werden: Zucchini je 1 Samen pro Abteil, Ringelblumen 2, Fenchel 3. Wenn die Sämlinge etwa 5 cm hoch sind, auf einen pro Abteil verringern. Wenn kein Frost mehr droht, die Setzlinge (5 Fenchel, 1 Zucchini, 1 Ringelblume) ins Freie in den Kübel umpflanzen. Sobald am Boden der Anzuchtschale die Wurzeln sichtbar werden, ist es Zeit fürs Auspflanzen.
- Gut gießen und alle zwei Wochen düngen. Erde um die Fenchelknollen aufhäufeln, wenn sie größer werden. Die Ringelblumen öfter pflücken, das verlängert die Blüte.

ERNTE

Im Spätsommer, etwa 14–16 Wochen nach der Aussaat, kann der Fenchel geerntet werden. Dann können Sie auch die Zwiebeln aus der Erde ziehen, wenn ihre Blätter welk werden. Die Zucchinipflanze wird wahrscheinlich mehr Früchte liefern, als Sie für das folgende Gericht brauchen. Wenn Sie Zucchini fortlaufend ernten, werden die Früchte nicht zu groß und Sie erhalten stets Nachschub. Die Ringelblumenblüten pflücken Sie direkt vor dem Servieren der Tarte.

DAS REZEPT

ZUCCHINI-FENCHEL-TARTE

FÜR 4 PORTIONEN

3 Zucchini, in dünnen Scheiben
1 Fenchelknolle, in dünnen Scheiben, Strunk entfernt
1 Zwiebel, in dünnen Scheiben
1 Schuss Olivenöl
Salz, Pfeffer aus der Mühle
1 kleine Handvoll Petersilie, gehackt
500 g Blätterteig
100 g reifer kräftiger Käse, gerieben
1 Handvoll Ringelblumen-Blütenblätter

- Den Ofen auf 200 Grad vorheizen.
- Zucchini, Fenchel und Zwiebel mit Öl, Salz und Pfeffer in eine Auflaufform geben und mischen, bis alles gleichmäßig mit Öl und Gewürzen bedeckt ist. Mit Alufolie abgedeckt im Ofen 30 Minuten garen. Abkühlen lassen und die ausgetretene Flüssigkeit abgießen. Die Petersilie unterheben.
- Den Blätterteig auf Backpapier zu einer Fläche von 20 x 30 cm ausrollen. Rundherum 2–3 cm vom Rand entfernt einritzen.
- Das gegarte Gemüse auf dem Teig verteilen und mit Käse bestreuen.
- Im Ofen 20 Minuten backen, bis der Teig aufgegangen und leicht gebräunt ist.
- Mit den Blütenblättern garnieren und heiß oder kalt servieren.

PLATZ IM TOPF

Nach jeder Fenchelernte Pflücksalat als Beilage für die nächste Tarte aussäen.

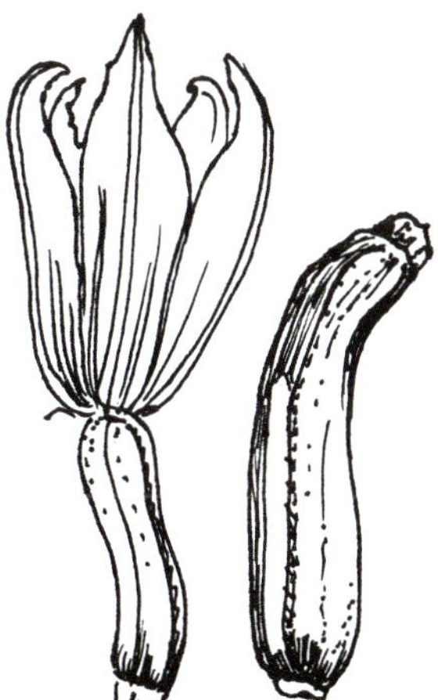

DICKE-BOHNEN-CREME MIT SALBEI

Dicke-Bohnen-Blüten ziehen alle möglichen bestäubenden Insekten an.

Dieses hübsche Arrangement liefert die Zutaten für einen sogenannten Custard – mal etwas anderes. Essbare Blüten, hier Veilchen, verleihen dem üppigen Grün von Salbei und Dicken Bohnen ein paar Farbtupfer.

1 Tüte Dicke-Bohnen-Samen 'Robin Hood'
1 Pflänzchen Purpursalbei *(Salvia officinalis purpurascens)*
1 Pflänzchen goldgelber Salbei *(Salvia officinalis 'Kew Gold')*
8 Knoblauchzehen 'Messidrome'
2 Hornveilchen 'Sorbet XP F1 Purple'
1 Kübel, 50 cm Durchmesser
Universalerde oder auf Erde basierendes Substrat
Organischer Langzeitdünger

ANBAU

Aussaat: Spätherbst oder Frühjahr, Einpflanzen: Frühjahr

- Bohnen und Knoblauch können für eine frühe Ernte schon im Spätherbst in die Erde gesteckt werden. Man kann aber auch bis zum Frühjahr damit warten, dann erfolgt die Ernte zum Ende des Sommers. Der Kübel braucht einen geschützten, sonnigen Standort.
- 2 Dicke Bohnen an einer Seite des Gefäßes im Abstand von 20 cm 5 cm tief in die Erde stecken. Die Knoblauchzehen in einer Zickzacklinie in die Mitte des Behälters setzen, damit die Knollen möglichst groß werden. So tief in die Erde stecken, dass die Spitzen noch aus dem Erdreich ragen. Bei kälterem Klima die Bohnen im Winter mit Gartenvlies schützen.
- Salbei und Veilchen kommen im Frühjahr in den Topf. Welke Blüten der Veilchen abzupfen, damit sie länger blühen. Die Salbeipflanzen vor den Knoblauch pflanzen und außen je ein Veilchen zur Seite stellen.
- 'Robin Hood' ist eine Zwergsorte, muss also nicht gestützt werden. Wenn die ersten Schoten wachsen, die Spitzen der Triebe abzwicken, damit sich weitere Schoten bilden, die Bohnen zart bleiben und um Bohnenblattläuse fernzuhalten.
- Salbeiblätter regelmäßig pflücken, das fördert den Wuchs, und die Pflanze bleibt kompakt und buschig.

ERNTE

Wenn Sie Bohnen und Knoblauch im Herbst eingepflanzt haben, können Sie im frühen bis Mitte Sommer ernten. Beobachten Sie das Knoblauchlaub: Wenn es gelb wird, sind die Knollen reif, obwohl Sie sie auch schon früher ernten können. Die Bohnenschoten sollten prall sein, dann sind sie reif. Salbei kann das ganze Jahr über geerntet werden, die Veilchenblüten in den Sommermonaten.

PLATZ IM TOPF

Wenn Knoblauch und Bohnen geerntet sind, können Sie an die freien Stellen Rosmarin, Lorbeer oder Minze pflanzen. Zusammen mit dem Salbei überstehen die Kräuter den Winter und liefern stets frische Blätter, wenn man sie immer wieder pflückt.

DAS REZEPT

DICKE-BOHNEN-CREME MIT SALBEI

FÜR 6–8 PORTIONEN

200 ml Crème double
1 Knoblauchzehe, gequetscht
250 g Dicke Bohnen, frisch enthülst
2 Eier
Salz, Pfeffer aus der Mühle
1 Handvoll kleine Salbeiblätter
1 Handvoll Veilchenblüten
einige Bohnenkerne

- Die Crème double mit der Knoblauchzehe in einem Topf erhitzen, abkühlen lassen.
- Den Backofen auf 200 Grad vorheizen.
- Die Bohnen in kochendem Wasser 1 Minute blanchieren, abgießen, in ein hohes Gefäß geben und mit den restlichen Zutaten pürieren. Die Masse durch ein grobes Sieb streichen.
- Feuerfeste Förmchen buttern und gut zur Hälfte mit der Mischung füllen. In einem Wasserbad im Ofen etwa 30 Minuten garen. Die Masse sollte fest sein, jedoch nicht allzu hoch aufgehen.
- Mit Bohnenkernen, Veilchenblüten und/oder jungen Salbeiblättern garnieren und warm oder kalt servieren.

DREIERLEI HUMMUS

Die Blüten der Dicken Bohne locken Bienen, Schmetterlinge und andere bestäubende Insekten an.

Der bekannte Hummus lässt sich in schmackhaften Variationen zubereiten. Dicke Bohnen, Karotten und Rote Bete sind farbenfrohe, nahrhafte und köstliche Alternativen zum traditionellen Gericht. Die Variante mit Dicken Bohnen enthält keine Kichererbsen und ist eher ein Dip. Alle drei sind im Nu gemacht. Die Pflanzen stellen keine großen Ansprüche, die vorgeschlagene Rote-Bete-Sorte blüht nicht vorzeitig, kann also früh gesät werden.

1 Tüte Dicke Bohnen 'The Sutton'
1 Tüte Karottensamen 'Caracas'
1 Tüte Rote-Bete-Samen 'Moneta'
1 Gefäß, 50 cm Durchmesser
Universalerde oder auf Erde basierendes Substrat
Organischer Langzeitdünger

ANBAU

Aussaat: frühes Frühjahr

- Das Pflanzgefäß braucht einen sonnigen, geschützten Standort. Die Anbaufläche in drei Teile unterteilen, für jedes Gemüse einen.
- Drei Dicke Bohnen in einem Dreieck in die Erde stecken, jeweils im Abstand von 20 cm und 5 cm tief. Die Karottensamen ('Caracas' hat eine kurze konische Form) dünn ausstreuen, mit einer 1 cm dicken Schicht gesiebter Erde oder Vermiculit bedecken.
- Die Rote Bete kann etwa 2 cm tief gesät werden. Da die Samen größer sind, kann man mit einem Stift oder Pikierstab im Abstand von 7–10 cm Löcher graben und in jedes Loch 2 Samen geben.
- Wenn die Karottensämlinge groß genug sind, pikieren, damit sie genügend Platz zum Wachsen haben. Die Pflänzchen sollten 7–10 cm auseinander stehen. Je früher man sie vereinzelt, desto besser, denn die gefürchtete Karottenfliege wird vom Geruch beschädigter Blätter angelockt (kann beim Pikieren passieren). In Kübeln gezogene Karotten werden davon weniger befallen als solche im Gartenbeet (Karottenfliegen beschränken sich auf eine Höhe von 60 cm über der Erdoberfläche). Die schwächsten Rote-Bete-Sämlinge ebenfalls herauszupfen, sobald sie etwa 5 cm hoch sind.
- Bei kühlen Temperaturen die Bohnen- und Karottensämlinge vor Frost schützen. Gut gießen und alle 2 Wochen einen ausgewogenen Flüssigdünger geben. Diese Karottensorte verträgt etwas mehr Wasser und Dünger, ohne dass sie sich an der Spitze gabelt.
- Die vorgeschlagene Bohnensorte ist eine Zwergsorte, die nicht gestützt werden muss. Wenn die ersten Schoten wachsen, die Spitzen der Triebe abzwicken, damit sich weitere Schoten bilden, die Bohnenkerne zart bleiben und um Bohnenblattläuse fernzuhalten.

ERNTE

Ab Mitte des Sommers sind die Bohnenschoten prall, die Kerne jedoch noch weich, die Karotten süß und knackig und die Roten Beten zart und etwas größer als ein Golfball.

PLATZ IM TOPF

Säen Sie an die Stellen der geernteten Karotten und Dicken Bohnen noch einmal Rote Bete, die im frühen Herbst zu kleinen Knollen heranreift oder deren Blätter eine köstliche Salatzutat sind.

DAS REZEPT

DREIERLEI HUMMUS

JEWEILS FÜR 2 PORTIONEN

ROTE-BETE-HUMMUS

250 g gekochte Rote Bete
440 g gekochte Kichererbsen (aus der Dose)
1 Knoblauchzehe, zerdrückt
2 gehäufte TL Tahini
2 EL Zitronensaft
2 TL gemahlener Kreuzkümmel
Salz, Pfeffer aus der Mühle
100 ml Olivenöl

- Alle Zutaten zusammen pürieren. In eine Schüssel geben und glatt streichen.
- Mit warmem Pitta-Brot servieren oder mit einer Schicht Olivenöl bedeckt im Kühlschrank lagern.

KAROTTENHUMMUS

200 g Karotten
etwas Olivenöl
Salz, Pfeffer aus der Mühle
440 g gekochte Kichererbsen (aus der Dose)
1 Knoblauchzehe, zerdrückt
2 gehäufte TL Tahini
2 EL Zitronensaft
2 TL gemahlener Kreuzkümmel

- Den Ofen auf 200 Grad vorheizen.
- Die Karotten auf ein Backblech verteilen, mit Olivenöl beträufeln, würzen und etwa 30 Minuten im Ofen weich schmoren.
- Die abgekühlten Karotten mit den restlichen Zutaten pürieren, in eine Schüssel füllen und glatt streichen.
- Mit warmem Pitta-Brot servieren oder mit einer Schicht Olivenöl bedeckt im Kühlschrank lagern.

DICKE-BOHNEN-HUMMUS

400 g Dicke Bohnen, enthülst
2 Handvoll Basilikum, gehackt
1 Knoblauchzehe, zerdrückt
1 gehäufter TL Tahini
1 EL Zitronensaft
Salz, Pfeffer aus der Mühle
1 Schuss Olivenöl

- Die Bohnenkerne in kochendem Salzwasser blanchieren, abgießen und sofort in Eiswasser geben. Dann die Haut der Bohnen abziehen.
- Alle Zutaten außer dem Olivenöl pürieren. Zum Schluss das Olivenöl zugeben, damit sich die Zutaten besser verbinden. In eine Schüssel umfüllen und glatt streichen.
- Mit warmem Pitta-Brot servieren oder mit einer Schicht Olivenöl bedeckt im Kühlschrank lagern.

BABA GANOUSH

Rauchig, cremig, üppig – Baba Ganoush ist ein wundervoller Dip, der aus der faden Aubergine eine himmlische Köstlichkeit macht. Auch die Pflanze macht schon einiges her: hell purpurfarbene Blüten sprießen im frühen Sommer, gefolgt von dunklen, verführerischen, fast schwarzen oder hell- und dunkellila gestreiften Früchten, je nach Sorte. Gute Zwergsorten sind 'Ophelia F1' oder 'Bambino' mit kleinen, dunkelvioletten Früchten. Weinberglauch mit seiner haarschopfähnlichen Blüte verleiht dem Topf besonderen Pfiff.

Auberginenblüten locken bestäubende Insekten an.

1 Tüte Auberginensamen 'Ophelia' F1 oder 'Bambino'
2 Töpfe Schnittlauch oder Weinberglauch
2 Töpfe Minze
1 Gefäß, 45 cm Durchmesser
Vielzweckerde oder auf Erde basierendes Substrat
Organischer Langzeitdünger

ANBAU

Aussaat: Spätwinter, Einpflanzen: Frühjahr

- Eine Anzuchtschale mit Erde füllen. Eine Handvoll Auberginensamen dünn darauf verteilen, mit einer 5 mm dünnen Schicht Erde bedecken. Die Schale auf ein Fensterbrett, in ein geheiztes Gewächshaus oder den Wintergarten stellen – die Samen keimen nur bei einer Temperatur von 15–20 Grad.
- Sobald die Sämlinge groß genug sind, in einen 10-cm-Topf umpflanzen. Sobald sie im Frühjahr zu blühen beginnen, sind die Pflanzen bereit, an ihren endgültigen Standort (sonnig, geschützt) umzuziehen.
- 2 Auberginen in einem Abstand von rund 35 cm in die Mitte des vorbereiteten Kübels einpflanzen. Je ein Töpfchen Schnittlauch danebensetzen. 2 Minzen samt Töpfen von 13 cm (um das Wachstum zu begrenzen) am Rand des Gefäßes in die Erde pflanzen.
- Da die Auberginen kompakt bleiben, müssen die Pflanzen nicht gestützt werden. Beste Ergebnisse erzielt man, wenn man die Früchte auf 3–4 pro Pflanze beschränkt, überzählige Blüten also abzupft. Die Erde darf nicht austrocknen; sobald die Pflanzen zu blühen beginnen, wöchentlich düngen. Tägliches Besprühen mit Wasser hilft bei der Fruchtentwicklung.

DAS REZEPT

BABA GANOUSH

FÜR 4 PORTIONEN

4 kleine oder 3 mittelgroße Auberginen
2 EL Tahini
2 Knoblauchzehen, zerdrückt
Saft von 1 Zitrone
1 Handvoll Minzeblätter, gehackt
2 EL Schnittlauch, gehackt
Salz, Pfeffer aus der Mühle
2 EL Olivenöl

- Die Auberginen über einer Gasflamme rösten, dabei regelmäßig wenden, damit sie gleichmäßig garen, oder ringsum mit einer Fleischgabel einstechen und auf einem mit Backpapier ausgelegten Blech im Ofen bei 180 Grad 15 Minuten garen. Ein feuchtes Geschirrtuch über die Auberginen legen, damit sich das Fruchtfleisch leichter von der Schale löst, und abkühlen lassen.
- Das Auberginenfruchtfleisch aus der Schale kratzen und etwas ausdrücken. Schale wegwerfen.
- Die restlichen Zutaten bis auf das Öl in eine Schüssel geben und vermengen. Mit Salz und Pfeffer abschmecken.
- Das Auberginenfruchtfleisch zerdrücken, zu den restlichen Zutaten geben und gut vermengen.
- Mit Öl beträufeln und mit Pitta-Brot, Gemüsestäbchen oder dünn geschnittenem, getoastetem Brot servieren.

ERNTE

Die meisten Auberginensorten entwickeln Stacheln an Fruchtstielen und Kelchblättern – seien Sie daher vorsichtig bei der Ernte und beim Putzen der Früchte! Beim Weinberglauch die Köpfe abschneiden und den Rest ebenso wie Schnittlauch verwenden. Die Minze regelmäßig ernten, damit sie kompakt bleibt.

THYMIANPLÄTZCHEN UND BROMBEEREN MIT HONIG UND THYMIAN

Brombeer- und Thymianblüten sind im Frühsommer ein Festschmaus für Bienen und andere bestäubende Insekten.

Brombeeren in Pflanzkübeln sind für Stadtbewohner ein wunderbarer Ersatz für die in der freien Natur wild wachsenden, mit Früchten übersäten Hecken. Der niedrig wachsende Thymian verleiht dem Arrangement das gewisse Etwas und beglückt bestäubende Insekten. Kulinarisch veredelt er die süße, saftige Frucht von einer simplen Leckerei zu einem ausgefallenen Genuss. Dieser Topf ist rasch und einfach bepflanzt.

1 Brombeerpflanze 'Navaho Bigandearly'
2 Töpfe Feld-Thymian (Quendel, *Thymus pulegioides*)
2 Töpfe Gartenthymian *(Thymus vulgaris)* 'Compactus'
1 Gefäß, 50 cm Durchmesser
Universalerde oder auf Erde basierendes Substrat
Organischer Langzeitdünger
Sand
5 Bambusstäbe à 125 cm, Schnur

ANBAU

Einpflanzen: Spätwinter (wurzelnackt) oder frühes Frühjahr als Containerpflanze

- Diese Brombeersorte ist ideal für den Balkongarten, weil sie Schatten, aber auch volle Sonne verträgt. Wenn sie eher im Schatten steht, entwickeln sich die Früchte etwas später.
- Zusammen mit dem Dünger mehrere Handvoll Sand in die Erde einarbeiten, damit sie durchlässiger wird, was Brombeere wie auch Thymian bevorzugen.
- Die Brombeere in der Mitte des Gefäßes einpflanzen, damit die Wurzeln genügend Raum haben, sich auszubreiten. Die Triebe mit kegelförmig zusammengebundenen Bambusstäben (Wigwam-Form) stützen. Die Triebe mit Schnur, die Sie zu einer Acht legen (siehe Seite 35), am Stab befestigen. Den Boden einer 500-ml-Plastikflasche abschneiden und mit dem Hals nach unten hinter der Brombeerstaude in die Erde stecken. Wasser in die Flasche gießen, damit es direkt zu den Wurzeln geleitet wird.
- Die Thymianpflanzen in 13 cm große, mit einer Mischung aus halb Erde, halb Sand gefüllte Töpfe setzen. Thymian mag keine nassen »Füße«, der Topf schützt ihn vor der feuchten Erde um die Brombeeren. Die beiden Thymiansorten abwechselnd im Abstand von 15 cm mit den Töpfen vor der Brombeerstaude einpflanzen.

- Die Brombeere regelmäßig gießen und düngen. Die Thymiantöpfe müssen nicht direkt gegossen werden, sie holen sich die nötige Flüssigkeit aus der umgebenden Erde.
- Wenn die Brombeeren abgeerntet sind, die Ruten bis zum Erdreich abschneiden. Neue Triebe am Rankgerüst festbinden.

MEHRJÄHRIGE PFLANZEN

Bei mehrjährigen Pflanzen wie diesen ergeben sich nach der Ernte keine Lücken. Nach einigen Jahren sollte die Brombeerstaude umgetopft werden.

ERNTE

Wie der Name 'Big and early' schon sagt, können die großen, saftigen Früchte dieser Sorte vom mittleren bis zum späten Sommer geerntet werden. Thymian kann das ganze Jahr über abgezupft werden.

DAS REZEPT

THYMIANPLÄTZCHEN UND BROMBEEREN MIT HONIG UND THYMIAN

FÜR 4 PORTIONEN

110 g Butter
50 g Rohzucker
100 g Weizenmehl
50 g Maismehl
1 Prise Salz
Mark von ½ Vanilleschote
1½ EL Thymianblätter, fein gehackt
400 g Brombeeren, gewaschen
2 EL Honig

- Für die Plätzchen Butter und Zucker verrühren, bis sich der Zucker aufgelöst hat. Die beiden Mehlsorten, Salz, Vanillemark und ½ EL Thymianblätter einarbeiten.
- Den Teig auf bemehlter Oberfläche ½ cm dick ausrollen. 12 Plätzchen (ca. 5 cm Durchmesser) ausstechen. Auf ein mit Backpapier belegtes Blech legen und 30 Minuten kühl stellen.
- Die Brombeeren mit dem Honig und 1 EL Thymian in einen Topf geben und sanft köcheln, bis die Früchte aufplatzen. Abkühlen lassen.
- Den Backofen auf 180 Grad vorheizen und die Plätzchen 20 Minuten goldbraun backen. Zum Brombeerkompott servieren.

Frittata mit Sprossen
Rote-Bete-Suppe
Gazpacho

SALATE & SUPPEN

FRITTATA MIT SPROSSEN

Sprossen sind eine gute Sache, denn sie brauchen kaum Platz, und die Pflanze muss bis zur Ernte nicht die gesamte Wachstumsperiode durchlaufen. Sprossensamen können auf angefeuchtetes Küchenpapier gesät und nach wenigen Tagen geerntet werden. Für ein buntes Arrangement und vielfältige Aromen lohnt es sich, gleichzeitig verschiedene Samen zu säen. Mit Sprossen können Sie einem Sandwich Pep verleihen und Salate, Quiches, Fleisch- und Fischgerichte garnieren. Das Pflanzgefäß darf ruhig niedrig sein, dann braucht man nicht so viel Erde.

1 Tüte Daikon-Rettichsamen 'Longipinnatus'
1 Tüte Senfsamen 'Red Giant'
1 Tüte rote Shiso-Kresse *(Perilla)*
1 Tüte Koriandersamen *(Coriandrum sativum)*
1 Pflanzgefäß oder Pflanztasche, 20 cm breit, 10 cm tief
Universalerde oder auf Erde basierendes Substrat

ANBAU

Aussaat: Spätes Frühjahr bis Herbst

- Einen sonnigen, geschützten Ort für das flache Pflanzgefäß oder die Pflanztasche wählen. Die Erde vor der Aussaat befeuchten, damit die Samen beim Gießen nicht durch den Wasserstrahl weggeschwemmt werden. Sie sollen gleichmäßig verteilt sein.
- Mit den Samen der verschiedenen Sorten ein Muster für das Arrangement bilden – jede Sorte in Linien, Punkten oder Wellen aussäen, bis die Oberfläche komplett bedeckt ist. Mit einer dünnen Schicht Vermiculit bedecken.

PLATZ IM TOPF

Säen Sie jedes Mal, wenn Sie Sprossen geerntet haben, wieder neue an; dann können Sie vom späten Frühling bis in den Herbst hinein ernten (oder sogar noch im Winter, wenn das Gefäß auf einer Fensterbank steht).

ERNTE

Ein bis zwei Wochen nach der Aussaat, wenn die Sprossen etwa 5 cm hoch sind, können Sie sie ernten. Schneiden Sie die Keimlinge mit einer Schere ab. Sie werden staunen, wie intensiv die Winzlinge schmecken.

DAS REZEPT

FRITTATA MIT SPROSSEN

FÜR 4 PORTIONEN

8 Eier (Bio oder Freilandhaltung)
200 ml Milch
Salz, Pfeffer aus der Mühle
Butter für die Form
1 Handvoll Sprossen

- Den Ofen auf 180 Grad vorheizen.
- Die Eier mit Milch, Salz und Pfeffer verquirlen. Eine 1-Liter-Auflauf- oder Backform einfetten, die Eimischung hineingeben.
- Im Ofen 15–20 Minuten backen, bis die Masse gestockt und die Oberfläche leicht gebräunt ist.
- Vor dem Servieren mit Sprossen garnieren.

BUNTER GARTENSALAT

Blatt- oder Pflücksalate gibt es in den verschiedensten Sorten. Stellen Sie sich nach Lust und Laune Ihre eigene bunte Mischung an Lieblingssorten zusammen, ergänzt durch ein paar würzige Kräuter – so haben Sie immer eine schöne Auswahl für einen leckeren Salat, den Sie bis in den Herbst hinein genießen können. Wenn Sie dafür ein schönes Pflanzgefäß verwenden, ist das Ganze nicht nur ein Gaumenschmaus, sondern auch noch ein Genuss fürs Auge. Stellen Sie das Gefäß in der Nähe der Balkontüre auf, sodass Sie bei Bedarf schnell und unkompliziert die benötigte Menge Blätter ernten können. Dann brauchen Sie sie nur noch in die Schüssel zu werfen, Dressing dazu – und fertig ist der Salat. Einfacher geht's nicht.

1 Tüte grüne Shiso-Kresse *(Perilla)*
1 Tüte rote Shiso-Kresse *(Perilla)*
1 Tüte Thai-Basilikum (*Ocimum basilicum var. thyrsiflorum* 'Siam Queen')
1 Tüte Pflücksalat 'Red Salad Bowl'
1 Tüte Pflücksalat 'Salad Bowl'
1 Tüte Radicchio-Samen 'Palla Rossa'
1 Tüte Blutampfer *(Rumex sanguineus)*
1 Pflanzgefäß, 40 cm Durchmesser
Universalerde oder auf Erde basierendes Substrat
Organischer Langzeitdünger

ANBAU

Aussaat: frühes und spätes Frühjahr

- Im frühen Frühjahr zwei normale Anzuchtschalen und eine Schale mit Unterteilung in Einzeltöpfchen mit Erde füllen. In einer Schale die beiden Perilla-Sorten säen, mit einer dünnen Schicht Erde bedecken. In der anderen Schale die Thai-Basilikumsamen gleichmäßig auf der Oberfläche verteilen und mit Vermiculit bedecken.
- In die unterteilte Schale die beiden Salatsorten aussäen, je 2 Samen pro Abteil. Ins Gewächshaus oder aufs Fensterbrett stellen. Sobald sie groß genug sind, jeweils den schwächeren Sämling entfernen.
- Im späten Frühling einen 10-cm-Topf mit Erde füllen, darin 2–3 Radicchiosamen säen. Mit einer dünnen Schicht Erde bedecken, ins Gewächshaus oder aufs Fens-

terbrett stellen. Wenn die Sämlinge groß genug sind, die zwei schwächeren entfernen.

- Das Pflanzgefäß in die pralle Sonne stellen, mit Erde-Dünger-Mischung füllen. Den Radicchio an den Rand pflanzen.
- Im Spätfrühling gegenüber vom Radicchio ein paar Blutampfersamen 1 cm tief säen. Wenn die Sämlinge groß genug sind, bis auf den stärksten pikieren.
- Wenn kein Frost mehr droht und die restlichen Sämlinge groß genug sind, werden sie ausgepflanzt: die Perilla-Sämlinge hinten, jeweils einen grünen und einen purpurfarbenen, mit einem Basilikum dazwischen und vorne in den Topf nach Farbe abwechselnd jeweils drei Salatpflänzchen jeder Sorte.
- Wichtig: Die Erde darf nicht austrocknen. Schnecken fernhalten; Schneckenkorn funktioniert ganz gut, noch besser ist aber die nächtliche Suche mit der Taschenlampe. Alle zwei Wochen mit Volldünger düngen – die Pflanzen brauchen viel Stickstoff, Kalium und Phosphor.

PLATZ IM TOPF

Salat kann man bis zum Frühherbst säen und fortlaufend neu einpflanzen, wo Platz entstanden ist. So sieht das Arrangement immer schön aus und kann bis weit in den Herbst hinein abgeerntet werden. Manche Blätter wachsen sogar bis in den Winter hinein, brauchen aber Schutz vor Kälte.

ERNTE

Die Blätter wie Pflücksalat ab dem Frühsommer ernten, sie wachsen immer wieder nach. Man kann aber auch warten, bis sich im Spätsommer Köpfe bilden. Ab Sommerende bis in den Herbst hinein entwickelt der Radicchio einen noch kräftigeren Geschmack.

DAS REZEPT

BUNTER GARTENSALAT

FÜR 2 PORTIONEN
ALS BEILAGE

3 Handvoll grüne Shiso-Blätter, fein gehackt
3 Handvoll purpurfarbene Shiso-Blätter, fein gehackt
3 große Handvoll Salatblätter
1 Handvoll Sauerampferblätter
2 Zweige Thai-Basilikum
junge Radicchioblätter, nach Belieben
1 Schuss Olivenöl
1 Spritzer Balsamicoessig
Salz, Pfeffer aus der Mühle

- Die Salatblätter waschen und in eine Schüssel geben.
- Das Thai-Basilikum fein hacken, zum Salat geben.
- Nach Belieben ein paar junge Außenblätter des Radicchio dazugeben. Wenn Sie aber den Radicchio als ganzen Kopf ernten wollen, lassen Sie ihn lieber heranreifen. Dann reicht er für einen großzügigen Salat.
- Mit Olivenöl, Balsamicoessig, Salz und Pfeffer mischen.

PALMKOHL-SELLERIE-SUPPE

Eine perfekte Herbstsuppe, dank ihrer kräftig grünen Zutaten voller Nährstoffe und Geschmack. Jedes Gemüse hat seinen besonderen Geschmack, gemeinsam schmecken sie köstlich erdig. Dieses Pflanzgefäß macht mit seinen stark ausgeprägten Strukturen und Farbtönen auch im Vorgarten viel her. Wenn Sie zusätzlich Platz haben, können Sie außerdem noch Spinat ziehen (Mitte Frühjahr in einer Pflanztasche ansäen) und ein paar frisch gepflückte Blätter davon zur Suppe geben, die dadurch noch kräftiger grün wird.

1 Tüte Palmkohlsamen 'Nero di Toscana'
1 Tüte Stangenselleriesamen 'Golden Self-blanching 3'
1 Tüte glattblättrige Petersilie *(Petroselinum crispum)* 'Plain Leaved 2'
1 Tüte Ringelblumensamen (*Calendula officinalis,* 'Indian Prince')
1 Pflanzgefäß, 40 cm Durchmesser
Universalerde oder auf Erde basierendes Substrat
Organischer Langzeitdünger

ANBAU

Aussaat: frühes Frühjahr, Einpflanzen: spätes Frühjahr

- Palmkohl, Sellerie, Petersilie und Ringelblumen in 10-cm-Töpfe säen, 3–4 Samen gleichmäßig verteilt pro Topf. Die Samen mit einer dünnen Erdschicht bedecken und ins Gewächshaus oder auf ein sonniges Fensterbrett stellen. Wenn die Sämlinge groß genug sind, in Einzeltöpfe umpflanzen und wieder ins Gewächshaus oder auf ein sonniges Fensterbrett stellen.
- Im späten Frühling das mit Erde und Dünger gefüllte Pflanzgefäß an einem sonnigen geschützten Ort aufstellen. Die Jungpflanzen umtopfen: 3 Selleriepflänzchen hinten im Kübel, Palmkohl und Petersilie seitlich davor, die Ringelblumen vorne in der Mitte.
- Gut angießen. Alle zwei Wochen ausgewogenen Flüssigdünger ins Gießwasser geben.
- Diese Selleriesorte bleicht von allein, man muss ihn also nicht anhäufeln. Petersilie regelmäßig pflücken, das fördert den Wuchs. Auch die Ringelblumenblüten immer wieder abschneiden (vor allem die welken), das fördert neue Blüten und verlängert die Blühperiode.

ERNTE

Sellerie und Palmkohl können ab Mitte Herbst geerntet werden, Petersilie und Ringelblumen ab dem frühen Sommer. Wenn Sie für dieses Rezept zusätzlich Spinat angebaut haben, kann auch dieser bis in den Herbst hinein geerntet werden.

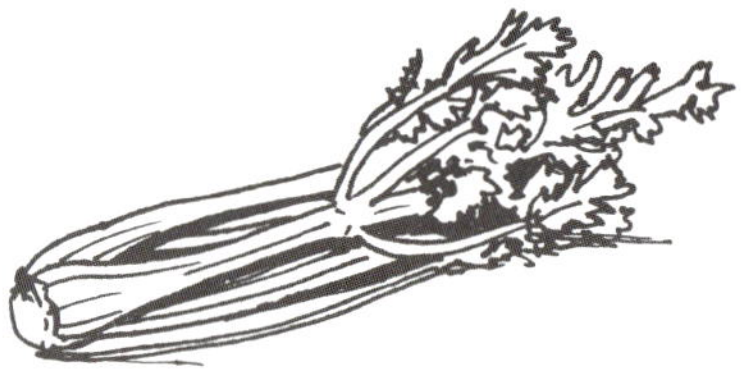

DAS REZEPT

PALMKOHL-SELLERIE-SUPPE

FÜR 4 PORTIONEN

4 EL Olivenöl
1 Zwiebel, fein gehackt
1 Knoblauchzehe, fein gehackt
Meersalz, Pfeffer aus der Mühle
500 g Palmkohlblätter
4 Selleriestangen, fein gehackt
200 g Spinat, geputzt
2 Handvoll Petersilie, gehackt
1¼ l Gemüsebrühe
kleine Sellerieblätter oder Ringelblumen-Blütenblätter zum Garnieren

- In einem Topf das Olivenöl erhitzen. Zwiebel und Knoblauch glasig dünsten, dabei mit Meersalz und Pfeffer würzen.
- Die Palmkohlblätter vom Stängel schneiden und fein hacken. Palmkohl, Sellerie, Spinatblätter und Petersilie zugeben, vermengen und mit der Gemüsebrühe aufgießen.
- Die Suppe 20 Minuten kochen, dann fein pürieren und durch ein Sieb streichen.
- Mit einem Sellerieblatt oder mit Ringelblumenblüten garnieren. Mit herzhaftem Brot servieren.

ROTE-BETE-SUPPE

Einige Korianderpflanzen Blüten bilden lassen, um Bienen und anderen bestäubenden Insekten eine Freude zu machen.

Ein Gefäß voll üppiger, rasch wachsender Pflanzen, die eine köstliche Suppe voller Nährstoffe ergeben. Rote Bete ist unkompliziert und lohnenswert im Anbau, denn man kann nicht nur die Knollen, sondern schon die jungen zarten Blätter verzehren. Die dunkelroten Stängel und Blattadern kontrastieren schön mit dem zarten Grün des Korianders. Die Suppe ist einfach und köstlich – die Bete macht sie auch ohne Kartoffeln schön sämig.

1 Tüte Rote Bete 'Moneta'
1 Tüte Koriander *(Coriandrum sativum)* 'Confetti'
1 Topf Thymian *(Thymus vulgaris)* 'Compactus'
1 Gefäß, 30 cm Durchmesser
Universalerde oder auf Erde basierendes Substrat
Organischer Langzeitdünger
Sand

ANBAU

Aussaat und Einpflanzen: Mitte Frühjahr

- Einen Kübel an einem sonnigen, geschützten Platz mit Erde und Dünger füllen. Gut gießen und in drei Bereiche unterteilen.
- Auf zwei Drittel der Fläche die Rote Bete im Abstand von 5 cm aussäen. Das ist zwar dichter als die traditionelle Aussaat im Beet und führt zu kleineren Knollen, die aber köstlich schmecken. Außerdem wirken so die üppig dichten rotgeaderten Blätter besonders attraktiv.
- Im letzten Drittel 6–8 Koriandersamen säen und vorne für den Thymian Platz lassen. Mit einer ½ cm dicken Schicht Erde bedecken.
- Ins Pflanzloch für den Thymian ein paar Handvoll Sand geben, den Thymian einpflanzen und gut andrücken.
- Wenn die Koriandersämlinge groß genug sind, auf die drei stärksten pikieren; sie sollten etwa im selben Abstand zueinander stehen. Im Hochsommer täglich gießen und wöchentlich düngen.

PLATZ IM TOPF

Nach der Ernte der Beteknollen kann man in die Lücken weiteren Koriander säen oder andere Sorten ausprobieren, etwa den schnell wachsenden Spinat 'Lazio', den man bis in den Spätsommer aussäen kann; er eignet sich für Suppen oder die zarten Blätter als Salat.

ERNTE

Ab Mitte des Sommers kann die Rote Bete geerntet werden. Koriander ist schon 28 Tage nach der Aussaat erntereif und liefert dann junge, zarte Blätter, oder man lässt ihn blühen und ausreifen.

DAS REZEPT

ROTE-BETE-SUPPE

FÜR 4 PORTIONEN

400 g Rote Bete, mit Schale weich gekocht
Butter
100 g Zwiebeln, gehackt
2 Zweige Thymian, Blätter abgestreift
Salz, Pfeffer aus der Mühle
1 l Gemüse- oder Hühnerbrühe
1 Handvoll Korianderblätter, grob gehackt

- Die gekochte Rote Bete schälen und zerkleinern.
- Etwas Butter in einen Topf geben, Bete und Zwiebeln bei mittlerer Hitze andünsten. Die Thymianblätter dazugeben. Wenn die Butter zu schäumen beginnt, würzen und noch etwa 10 Minuten zugedeckt köcheln lassen.
- Die Brühe zugießen und aufkochen lassen.
- Die Suppe im Mixer pürieren und abschmecken.
- Kurz vor dem Servieren mit gehacktem Koriander garnieren.

GAZPACHO

Die Kombination von blühenden Tomaten, Gurken und Paprika ist für bestäubende Insekten unwiderstehlich.

Tomaten anzubauen kann in kühleren Gegenden eine wahre Herausforderung sein. Oft hat man am Ende der Wachstumsphase einen Haufen grüner, unreifer Früchte, aus denen sich aber immerhin noch ein schmackhaftes Chutney herstellen lässt. Doch mit der richtigen Sorte gelingen Ihnen köstliche Gerichte wie die mediterrane Gazpacho. Diese erfrischende Sommersuppe schmeckt am besten mit selbst gezogenen, optimal reifen Tomaten, bevorzugt Eiertomaten. Für kühlere Gegenden eignet sich die auch bei niedrigeren Temperaturen reifende Sorte 'Giulietta'. Auch die Minigurke 'Rocky' ist mit kühlerem Klima zufrieden. Außerdem produziert sie nur weibliche Blüten, Sie müssen also nicht die männlichen abzwicken, um reife, süße Früchte zu erhalten. Paprika und Gurke geben der Suppe Geschmack und Textur, außerdem bilden sie einen interessanten Kontrast im Pflanztopf. Knoblauch ergänzt das Arrangement mit seinen hübschen Blättern und gibt dem Gericht Pfiff.

2 Knoblauchzehen 'Sultop'
1 Tüte Paprikasamen 'Corno di Toro Rosso'
1 Tüte Tomatensamen 'Giulietta' F1
1 Tüte Gurkensamen 'Rocky' F1
1 Kübel, 50 cm Durchmesser
Universalerde oder auf Erde basierendes Substrat
Organischer Langzeitdünger

ANBAU

Aussaat: Spätwinter/Frühjahr, Einpflanzen: Frühsommer

- Den Kübel an einen sonnigen, geschützten Ort stellen und mit Erde füllen. Wenn Sie Platz haben, lohnt es sich, Knoblauch früh (im späten Winter) zu setzen, sonst bis zum frühen Frühjahr warten.
- Die Knoblauchzehen an einer Seite des Topfes am Rand im Abstand von 10 cm in die Erde stecken. Darauf achten, dass die Spitzen über die Erdoberfläche ragen.
- Im frühen Frühjahr Paprikasamen in 10-cm-Töpfe säen. Bis auf den stärksten Sämling pikieren. Die Pflanze ins Gewächshaus (21–24 Grad) oder auf ein sonniges Fensterbrett stellen.
- 4 Wochen später mit den Tomatensamen genauso verfahren.
- Einen Monat später 2–3 Gurkensamen einzeln in 10-cm-Töpfe säen.

- Sobald kein Frost mehr droht, die Pflanzen (eine pro Sorte) in den Kübel mit dem Knoblauch einpflanzen: die Tomate am hinteren Rand, Paprika und Gurke jeweils seitlich davor.
- Sich bildende Seitentriebe der Tomate fortlaufend abzwicken (ausgeizen). Tomate und Paprika stützen, um das Gewicht der Früchte aufzufangen. Die Gurke darf frei wachsen; die Spitzen abzwicken, damit die Pflanze nicht überbordet. Gut gießen und wöchentlich Tomatendünger geben.

ERNTE

Durch die zeitlich gestaffelte Aussaat reifen die Früchte schließlich gleichzeitig heran und können ab Mitte bis Ende des Sommers geerntet werden. Selbst wenn der Knoblauch erst im Frühling gesteckt wird, kann er zur selben Zeit geerntet werden, nur sind die Knollen dann etwas kleiner. Überschüssige Früchte können bis in den Spätherbst weiter geerntet und für beliebige Gerichte verwendet werden.

DAS REZEPT

GAZPACHO

FÜR 4 PORTIONEN

2 Knoblauchzehen
1 TL Kreuzkümmelsamen
1 Prise Salz, Pfeffer aus der Mühle
1 Schuss Olivenöl
1 Spritzer Weißweinessig
1 Schalotte, fein geschnitten
1 Handvoll Kerbel, fein gehackt
250 ml Eiswasser
6 reife Tomaten
1 rote Paprika
1 kleine Gurke, geschält, gewürfelt
2 Handvoll Weißbrot, grob zerkleinert

- Knoblauch, Kreuzkümmel, Salz und Pfeffer im Mörser zerstoßen. Mit Olivenöl und Weißweinessig vermengen. Schalotten, Kerbel und Eiswasser dazugeben.
- Tomaten und Paprika in feine Schnitze oder Streifen schneiden, mit dem Suppenfond übergießen und 10 Minuten ziehen lassen.
- Gurke und Brot und falls nötig noch etwas Wasser dazugeben.
- Vor dem Servieren ein paar Eiswürfel in die Suppe geben, damit sie wirklich schön kalt ist.

Karottenpesto
Mangoldpesto
Gartenpizza

SCHNELLES ABENDESSEN

Geschmorter Knoblauch mit Kräutern

Einfache Ratatouille

KAROTTENPESTO

Kresseblüten sind bei bestäubenden Insekten ganz besonders beliebt.

Beeindrucken Sie Ihre Lieben und servieren Sie einmal ein orangefarbenes Pesto statt des traditionellen grünen – eine schmackhafte Abwechslung, die sogar Kinder dazu verführt, Karotten zu essen. Ich habe Chantenay-Karotten gewählt, die mit ihrem kurzen Wuchs für den Kübelanbau bestens geeignet sind. Die hübsche Kapuzinerkresse verleiht sowohl dem Pflanzkübel wie auch dem fertigen Gericht das gewisse Etwas. Sie breitet sich schön aus und produziert pfeffrig schmeckende zweifarbige Blüten.

12 Knoblauchzehen 'Sultop'
1 Tüte Karottensamen 'Caracas'
1 Tüte Kapuzinerkresse 'Banana Split'
1 Pflanzgefäß, 45 cm
Universalerde oder auf Erde basierendes Substrat
Organischer Langzeitdünger

ANBAU

Aussaat und Anpflanzen: frühes Frühjahr

- Das Pflanzgefäß an einen geschützten, sonnigen Platz stellen.
- Die Knoblauchzehen doppelreihig quer über die Mitte einpflanzen. Die Erde um die Zehen festdrücken und sanft angießen. Auf beiden Seiten des Knoblauchs jeweils eine Rille für die Karottensamen bilden. Diese eher dünn säen, um nicht zu viel pikieren zu müssen (dabei beschädigte Blätter ziehen die gefürchtete Karottenfliege an). Vorne 2 cm tief ein paar Kapuzinerkressesamen säen.
- Wenn sie groß genug sind, die schwächsten Kapuzinersämlinge entfernen und nur zwei Pflanzen weiterwachsen lassen.
- Regelmäßig gießen, die Erde darf nicht austrocknen. Alle zwei Wochen düngen.

ERNTE

Knoblauch und Karotten können ab Mitte des Sommers geerntet werden. Wenn die Knoblauchblätter welk und gelb zu werden beginnen, ist der Knoblauch reif. Ernten Sie so viele Karotten, wie für das Pesto benötigt. Blätter und Blüten der Kapuzinerkresse können jederzeit geerntet werden; sie verleihen Salaten und dem Pesto Farbe.

DAS REZEPT

KAROTTENPESTO

FÜR 4–6 PORTIONEN

8 Karotten, geschält, fein gehackt
3 Knoblauchzehen, gehackt
2 EL Olivenöl
Salz, Pfeffer aus der Mühle
75 g Mandeln
Saft von ½ Zitrone
75 g Parmesan, zerkleinert
Schnittlauch oder Sprossen zum Garnieren
1 Handvoll Kapuzinerkresseblüten

- Den Ofen auf 185 Grad vorheizen.
- Karotten und Knoblauch in eine Auflaufform geben, mit dem Olivenöl beträufeln, würzen und im Ofen etwa 15 Minuten garen. Abkühlen lassen.
- Karotten, Mandeln, Zitronensaft und Parmesan im Blitzhacker oder Mixer fein pürieren.
- Sofort servieren oder mit einer Schicht Olivenöl begießen und mit Frischhaltefolie abgedeckt im Kühlschrank aufbewahren.
- Zum Servieren den Pesto mit Schnittlauch oder Sprossen garnieren und mit Kapuzinerkresseblüten verzieren. Dazu ein knuspriges Brot reichen.

MANGOLDPESTO

Bunter Mangold bringt Farbe in Ihren Garten und schmeckt genauso gut, wie er aussieht. Das leckere Gemüse kann das ganze Jahr über geerntet werden. In den warmen Sommermonaten schneidet man die ganze Pflanze ab, nach 3–4 Wochen sprießen neue Blätter. In den Wintermonaten lieber nur die Außenblätter ernten. Mangold und Knoblauch sind eine klassische Kombination, und dieses Rezept ergibt eine interessante Abwechslung zum bekannten Basilikumpesto. Es schmeckt etwas erdiger. Für ein schnelles Gericht aus Mangold dünsten Sie das klein geschnittene Gemüse einfach in Butter, würzen es kräftig und servieren es auf Pasta, als Beilage oder einfach so, vielleicht mit ein paar Scheiben Schinken oder einem Ei.

- 12 Knoblauchzehen 'Sultop'
- 1 Tüte Mangoldsamen 'Bright Lights'
- 1 Pflanzgefäß, 50 cm Durchmesser
- Universalerde oder auf Erde basierendes Substrat
- Organischer Langzeitdünger

ANBAU

Einpflanzen: Spätwinter, Aussaat: Mitte Frühjahr

- Den Pflanzkübel vorbereiten und an einen sonnigen, geschützten Platz stellen.
- Am besten pflanzt man den Knoblauch im späten Winter, doppelreihig quer über die Mitte des Gefäßes. Die Zehen jeweils in ein 2–3 cm tiefes Loch stecken und so weit mit Erde bedecken, dass die Spitzen gerade noch über die Oberfläche ragen. Die Erde auf beiden Seiten der Knoblauchreihen zur Vorbereitung für die Aussaat des Mangolds sanft andrücken. Gut gießen.
- In der Mitte des Frühjahrs etwa 1 cm tiefe kleine Mulden über den vorderen und hinteren Teil des Pflanzgefäßes verteilt anbringen. In jede Mulde 2–3 Mangoldsamen geben, mit Erde bedecken.
- Sobald der Mangold sprießt, auf je eine Pflanze pro Mulde pikieren. Regelmäßig gießen, wöchentlich düngen.

ERNTE

Mitte des Sommers können Knoblauch und Mangold für das Pesto geerntet werden.

PLATZ IM TOPF

Nach der Ernte des Knoblauchs den restlichen Mangold kontinuierlich als Salatzutat oder für ein Gemüse ernten.

DAS REZEPT

MANGOLDPESTO

FÜR 4 PORTIONEN

4 große Handvoll Mangoldblätter, grobe Stängel entfernt
2 Knoblauchzehen, gehackt
1 Handvoll Walnüsse
75 g Pecorino, zerkleinert
100 ml Olivenöl
Salz, Pfeffer aus der Mühle

- Die Mangoldblätter mit dem Knoblauch andünsten. Gut abtropfen und abkühlen lassen.
- Zusammen mit Walnüssen und Pecorino im Blitzhacker pürieren.
- Das Olivenöl zugießen und weiter pürieren. Den Pesto in eine Schüssel umfüllen.
- Noch einmal abschmecken und sofort servieren oder mit einer Schicht Olivenöl begießen und mit Frischhaltefolie abgedeckt im Kühlschrank aufbewahren.

GARTENPIZZA

Die Blüten von Tomaten und Kräutern locken Bienen und andere bestäubende Insekten in Ihren Garten.

Es geht nichts über selbst gemachte Pizza, und was könnte befriedigender sein, als die Zutaten für den Belag selbst anzubauen. Das Erfolgsgeheimnis liegt darin, den Belag einfach zu halten und nicht zu überladen – frische Kräuter und zarte Blätter wie Rucola, Sauerampfer oder Spinat passen hervorragend zu Tomaten und Käse. Wer es schärfer mag, streut etwas fein gehackten frischen Chili darüber. Am besten bepflanzen Sie gleich mehrere Kübel jeweils mit einer anderen Tomatensorte, zum Beispiel der gelben Sorte 'Sungold F1' oder der schwarzen 'Indigo Rose', begleitet von anderen Kräutern und Blattgemüsen.

1 Tüte Tomatensamen 'Sweet Baby'
1 Töpfchen Majoran *(Origanum majorana)*
1 Töpfchen Oregano *(Origanum vulgare)*
1 Töpfchen Strauch-Basilikum (*Ocimum kilimandscharicum* x *basilicum purpurascens* 'African Blue')
1 Behälter, 45 cm Durchmesser
Universalerde oder auf Erde basierendes Substrat
Sand
Organischer Langzeitdünger

ANBAU

Aussaat: frühes Frühjahr, Einpflanzen: spätes Frühjahr

- Im frühen Frühjahr 2–3 Tomatensamen in 10-cm-Töpfe säen. Sobald sich zwei Blätter entwickelt haben, pikieren und nur den stärksten Sämling weiterwachsen lassen. Tomaten mögen Wärme, daher in ein Gewächshaus (21–24 Grad) oder auf ein sonniges Fensterbrett stellen.
- Im späten Frühjahr, wenn kein Frost mehr droht, oder im Frühsommer das Pflanzgefäß vorbereiten und an einen sonnigen, geschützten Platz stellen. Die Tomate im rückwärtigen Teil einpflanzen, die drei Kräuter schön verteilt davor.
- Die Seitentriebe der Tomate ausgeizen, damit die Pflanze in die Höhe wächst. Wenn die Früchte zu wachsen beginnen, die Triebe an Stäben festbinden (siehe Seite 35).
- Die Tomate regelmäßig gießen, um Blütenendfäule zu vermeiden. Den Boden einer Plastikflasche abschneiden und mit dem Hals nach unten neben der Tomate in die Erde stecken, sodass das Gießwasser direkt zu den Tomatenwurzeln gelangt und die Kräuter nicht überschwemmt werden. Die Tomate

wöchentlich mit verdünntem Tomaten-dünger düngen.

- Die Kräuter für steten Wuchs regelmäßig pflücken.
- Die Tomatenpflanze entfernen, wenn sie abgeerntet ist. Basilikum, Oregano und Majoran können durch Vlies vor Frost geschützt oder im Gewächshaus oder Gartenschuppen überwintern. Im folgenden Jahr erneut Tomaten ansäen und die Lücke im Kübel mit einer neuen Pflanze füllen.

ERNTE

Die Kräuter können, schon bevor die Tomaten reif sind, geerntet und in anderen Gerichten verwendet werden. Regelmäßiges Pflücken fördert das Wachstum und einen kompakten Wuchs der Kräuter. Bei genügend Sonne sollten die Tomaten ab Mitte des Sommers reif sein. Geben Sie ihnen falls nötig noch etwas Zeit, bis sie wirklich voll aromatisch sind.

DAS REZEPT

GARTENPIZZA

FÜR 2 PIZZEN (25 CM DURCHMESSER)

PIZZATEIG
500 g Weizenmehl Type 505
7 g Trockenhefe
2 EL Olivenöl
1 TL Salz
325 ml warmes Wasser

TOMATENSAUCE
1 Schuss Olivenöl
1 Knoblauchzehe, fein gehackt
500 g Tomaten, gewürfelt
¼ TL Vollrohrzucker
Salz, Pfeffer aus der Mühle

BELAG
125 g Mozzarella, gewürfelt
1 Handvoll Majoranblätter
1 Handvoll Oreganoblätter
1 Handvoll Basilikumblätter
schwarzer Pfeffer aus der Mühle

- Alle Zutaten für den Teig bis auf das Wasser in eine Schüssel geben und vermengen. Langsam das Wasser einrühren, bis sich ein Teigkloß bildet. Den Teig auf der bemehlten Arbeitsfläche etwa 10 Minuten kneten, bis er elastisch ist.
- Den Teig in die Schüssel zurückgeben und mit einem feuchten Tuch bedeckt 1½ Stunden auf das doppelte Volumen gehen lassen.
- Nochmals 10 Minuten durchkneten, dann erneut rund 1 Stunde gehen lassen.
- Den Ofen auf 220 Grad vorheizen. Den Teig halbieren und jeweils auf etwa 25 cm Durchmesser ausrollen.
- Für die Sauce das Olivenöl erhitzen und den Knoblauch andünsten. Tomaten, Zucker und Gewürze dazugeben. Aufkochen und bei kleiner Hitze etwa 45 Minuten köcheln lassen. Abkühlen lassen und pürieren.
- Auf jeden Teigboden 4 EL Tomatensauce streichen (Rest einfrieren oder als Pastasauce verwenden). Die Mozzarellastückchen darauf verteilen.
- Die Pizzen backen, bis der Teig knusprig gebräunt und der Käse geschmolzen ist.
- Vor den Servieren mit frisch gezupften Kräuterblättchen und grob gemahlenem schwarzem Pfeffer bestreuen.

KNOBLAUCH MIT KRÄUTERN

Kräuterblüten locken alle möglichen bestäubenden Insekten an.

Aussehen, Geruch und Geschmack von geschmortem Knoblauch sind unschlagbar: Die Ränder etwas angesengt, das Innere cremig-weich und nur noch dezent nach Knoblauch schmeckend, ergibt er eine fantastische Vorspeise. Einfach das weich geschmorte Knoblauchfleisch auf dünne Scheiben geröstetes oder getoastes Brot verteilen und genießen. Schlicht, schnell zubereitet und richtig lecker! Die Zutaten für dieses Gericht lassen sich ganz unkompliziert ziehen, und wenn Sie jede Saison neue Knoblauchzehen stecken, können Sie das Pflanzgefäß mit den Kräutern Jahr für Jahr wieder verwenden. Nach einigen Jahren müssen die Kräuter umgetopft werden.

6 Knoblauchzehen 'Sultop'
1 Topf Rosmarin *(Rosmarinus officinalis)*
1 Topf Silber-Thymian *(Thymus vulgaris)* 'Silver Posie'
1 Topf Oregano *(Origanum vulgare)*
1 Pflanzgefäß, 40 cm Durchmesser
Universalerde oder auf Erde basierendes Substrat
Organischer Langzeitdünger
Sand

ANBAU

Anpflanzen: Spätwinter bis frühes Frühjahr

- Wenn Sie entsprechend Platz haben, lohnt es sich, Knoblauch früh (bereits im späten Winter) zu setzen, sonst bis zum frühen Frühjahr warten. Den Topf an einen sonnigen, geschützten Ort stellen.
- Um die Anbaufläche voll auszuschöpfen, die Knoblauchzehen im Zickzack versetzt mit jeweils 10 cm Abstand quer über die Mitte des Topfes einpflanzen. Je größer die Knollen für dieses Rezept werden, desto besser. Die Spitzen der Knoblauchzehen sollten knapp über die Erdoberfläche ragen.
- Vor dem Einpflanzen der Kräuter etwas Sand auf den Boden des Pflanzlochs geben, damit das Gießwasser besser abfließen kann. Rosmarin braucht mehr Platz als Thymian und Oregano; er wird die größte Pflanze in diesem Arrangement und sollte deshalb in den hinteren Teil des Kübels gepflanzt werden. So entsteht auch ein schöner Kontrast zu den anderen Pflanzen. Thymian und Oregano können sich dann vorne um den besten Platz streiten.

ERNTE

Sie können die Kräuter natürlich schon pflücken, bevor der Knoblauch reif ist. Ein paar Zweige machen sich beim Kochen immer gut, und der Pflanzenwuchs verbessert sich durch regelmäßige Ernte; die Kräuter wachsen dadurch üppiger und buschiger. Viele Köche empfehlen, den Knoblauch sehr jung zu verwenden, da er dann besonders mild im Geschmack ist; das wäre bei diesem Pflanzgefäß im späten Frühjahr, dann ist der Knoblauch noch sehr weich (ganz anders als der getrocknete), und die inneren Häute haben sich noch nicht richtig herausgebildet. Er ist dann ideal zum Schmoren im Backofen. Für eine kleinere Runde reichen ein paar Knollen, und der Versuch mit jungen Knollen lohnt sich. Für eine größere Anzahl Esser sollten Sie bis etwa zur Mitte des Sommers warten (wenn sich die Blätter gelb färben und schlaff werden, ist der Knoblauch reif). Probieren Sie einfach beides aus, und wenn Ihnen die jungen Knollen besser schmecken, bauen Sie sie im nächsten Jahr in größerer Anzahl an.

- Regelmäßig gießen, die Erde darf nicht austrocknen. Knoblauch leidet unter Trockenheit stärker als die Kräuter; die Kräuter wiederum sollten nicht ständig in nasser Erde stehen. Die Kräuter kontinuierlich pflücken, das fördert den Wuchs und erhält sie gesund.

PLATZ IM TOPF

Lücken sind in diesem Behälter kein Problem, die Kräuter breiten sich gern aus, wenn die Knoblauchknollen geerntet sind.

DAS REZEPT

SCHMORKNOBLAUCH MIT KRÄUTERN

FÜR 4 PORTIONEN

1 Knoblauchknolle
1 Schuss Olivenöl
je 2–3 Zweige Oregano, Rosmarin und Thymian
dünne Scheiben Sauerteigbrot oder Ihres Lieblingsbrots

- Den Ofen auf 180 Grad vorheizen.
- Von der Knoblauchknolle oben so viel abschneiden, dass die Spitzen der Zehen sichtbar werden. Die Knolle auf ein Stück Alufolie legen. Mit Olivenöl beträufeln und die klein gezupften Kräuterzweige dazugeben. Die Folie um die Knoblauchknolle zu einem Päckchen zusammenfalten.
- Im Ofen 45 Minuten garen.
- Brotscheiben toasten oder rösten und mit dem geschmorten Knoblauch servieren. Bei Tisch jeweils eine der weich geschmorten Zehen entnehmen und auf eine Brotscheibe verteilen.

EINFACHE RATATOUILLE

Blüten von Zucchini, Tomaten und Paprika sind der perfekte Sommersnack für Bienen und viele andere bestäubende Insekten.

Die Geschmackskombination ist klassisch, und das Arrangement ist auch für das Pflanzgefäß perfekt, weil Tomaten, Paprika und Zucchini für eine reiche Ernte etwa gleich viel Sonne, Dünger und Wasser brauchen. Es gibt dieses Gericht in vielen Varianten – bei manchen überwiegt die Tomatensauce, bei anderen ist das Gemüse nur leicht mit Öl und den Säften der langsam gebratenen Tomaten, Zucchini und Paprika überzogen. Sie können die Sorten der Hauptzutaten ruhig variieren, vielleicht bevorzugen Sie Kirschtomaten und nicht die hier vorgeschlagenen Eiertomaten, vielleicht auch eine traditionelle grüne oder runde Zucchini und nicht die hier vorgeschlagene gelbe Sorte.

1 Tüte Tomatensamen 'Giulietta' F1
1 Tüte Zucchinisamen 'Soleil' F1 oder 'Goldrush' F1
1 Tüte Auberginensamen 'Ophelia' F1 oder 'Bambino'
1 Tüte Paprikasamen 'Gypsy' F1
1 Pflanztrog, 50 x 100 cm
Universalerde oder auf Erde basierendes Substrat
Organischer Langzeitdünger

ANBAU

Aussaat: Mitte Frühjahr, Einpflanzen: spätes Frühjahr oder Frühsommer

- Eine Anzuchtschale mit Unterteilung in Einzeltöpfchen vorbereiten. Pro Reihe jeweils eine Gemüsesorte (Tomate, Zucchini, Aubergine und Paprika) säen, jeweils zwei Samen pro Abteil. Im Gewächshaus oder auf dem sonnigen Fensterbrett bei 18–21 Grad keimen lassen.
- Wenn die Sämlinge groß genug sind, in 10-cm-Töpfe umpflanzen.
- Im späten Frühling den Pflanztrog an einer geschützten, sonnigen Stelle vorbereiten. Die stärkste Jungpflanze jeder Sorte einpflanzen. Die Tomate kommt nach hinten, gleich daneben einen 1,75 m langen Stab in die Erde stecken, an dem die Pflanze später festgebunden werden kann. Die Zucchini vorne, Paprika und Aubergine dazwischen pflanzen.
- Die Tomate jeweils ausgeizen (Seitentriebe in den Blattachseln entfernen). Wenn die Pflanze fünf oder sechs blühende Triebe entwickelt hat, die Spitze des Haupttriebs kappen. Nach der Blüte und vor dem Fruchtansatz die fruchttragenden Äste sämtlicher Pflanzen unterstützen bzw. festbinden (siehe Seite 35). Regelmäßig gießen und düngen, sobald sich die ersten Früchte entwickeln.

ERNTE

Ernten kann man sämtliche Zutaten für das Gericht ab dem Spätsommer oder auch etwas früher, wenn es so heiß war, dass Tomaten und Auberginen gut reifen konnten. Zucchini und Paprika können bereits ab dem Frühsommer geerntet und für andere Gerichte verwendet werden, bis die übrigen Zutaten reif sind.

DAS REZEPT

EINFACHE RATATOUILLE

FÜR 4 PORTIONEN

200 ml Olivenöl
2 Zwiebeln, in dünne Scheiben geschnitten
4 Knoblauchzehen, fein geschnitten
6 Zucchini, in dünne Scheiben geschnitten
4 kleine oder 2 große Paprika, entkernt, in dünne Scheiben geschnitten
2 Auberginen, geviertelt, in dünne Scheiben geschnitten
8 Tomaten, gehäutet, entkernt, geviertelt
2 Lorbeerblätter
2 Zweige Thymian
Salz, Pfeffer aus der Mühle

- Das Öl in einer großen Pfanne erhitzen, die Zwiebeln hellgelb andünsten. Den Knoblauch dazugeben und sanft andünsten.
- Zucchini, Paprika, Auberginen, Tomaten sowie die Kräuter dazugeben, würzen, aufkochen und zugedeckt 1 Stunde (nach Belieben bei 180 Grad im Ofen) schmoren.
- Warm oder kalt servieren (zuvor Lorbeerblätter und Thymianzweige entfernen).

Salsa verde
Chilipaste
Radieschen-Schalotten-Pickles

Bouquet garni

LECKERE BEGLEITER

Eingemachter Rotkohl mit Roten Johannisbeeren

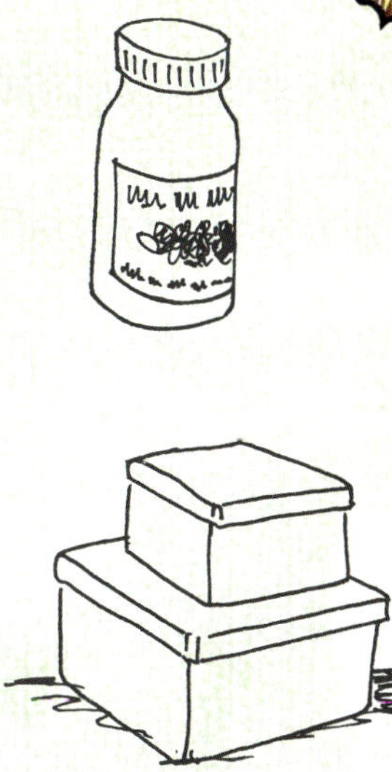

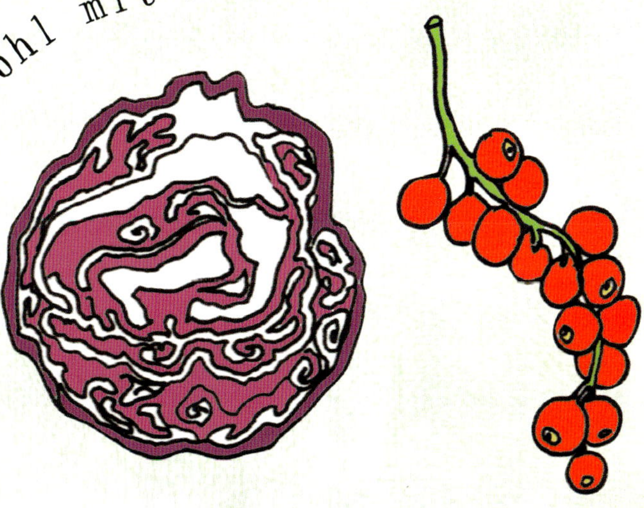

SALSA VERDE

Dieses wunderschöne, üppig grüne Arrangement liefert die Kräuter, die die Basis für die klassische Salsa verde bilden – ein köstlicher Begleiter zu gebratenem oder gegrilltem Fleisch oder Fisch. Die italienische Variante wird nur mit Petersilie zubereitet, in diesem Rezept verleihen Minze und Basilikum der Sauce noch einen intensiveren Geschmack. Die Bepflanzung und Pflege des Gefäßes ist unkompliziert, weshalb es in keinem Balkongarten fehlen sollte.

1 Topf Minze (Spearmint, *Mentha spicata*)
2 Töpfe Strauchbasilikum (*Ocimum kilimandscharicum* x *basilicum purpurascens* 'African Blue')
2 Töpfe glattblättrige Petersilie *(Petroselinum crispum)*
1 Pflanzgefäß, 30 cm
Universalerde oder auf Erde basierendes Substrat
Organischer Langzeitdünger

ANBAU

Anpflanzen: spätes Frühjahr oder Frühsommer

- Obwohl Basilikum die Sonne liebt, gibt sich dieses Pflanzenarrangement auch mit einem halbschattigen Standort zufrieden.
- Wenn kein Frost mehr droht, die Minze in einen 12-cm-Topf umpflanzen und samt Topf am hinteren Rand des vorbereiteten Pflanzgefäßes einsetzen. Minze neigt zum Wuchern; deshalb ist es besser, die Wurzeln in Schach zu halten, damit die anderen Pflanzen im Gefäß die Chance haben, sich ebenfalls üppig zu entwickeln.
- Die beiden Basilikumpflanzen am Rand so einpflanzen, dass sie mit der Minze ein Dreieck bilden. Die beiden Petersilienpflanzen in die Lücken setzen.
- Für einen buschigen Wuchs die Spitzen der Kräuter abzwicken und regelmäßig Blätter abzupfen. Nicht zu viel gießen, Basilikum mag keine Staunässe, aber die Erde auch nicht austrocknen lassen. Alle zwei Wochen mit Flüssigdünger mit hohem Stickstoffgehalt düngen.
- Strauchbasilikum, Petersilie und Minze sind winterhart, wenn man sie etwas schützt. Bei Frostgefahr das Gefäß mit Vlies umwickeln oder in ein Gewächshaus stellen und erst wieder ins Freie bringen, wenn kein Frost mehr zu erwarten ist.

ERNTE

Sämtliche Kräuter können ab Mitte des Sommers fortlaufend geerntet werden. Solange man regelmäßig Blätter zupft, kann man bis zum frühen Herbst mit frischen Blättern rechnen.

DAS REZEPT

SALSA VERDE

FÜR 6 PORTIONEN

1 Knoblauchzehe
1 kleine Handvoll Kapern
1 kleine Handvoll eingelegte Cornichons
6 Sardellenfilets
1 hart gekochtes Ei
2 große Handvoll glatte Petersilie
2 Handvoll Basilikum
1 Handvoll Minze
30 g frische Semmelbrösel
1 EL Dijonsenf
1½ EL Rotweinessig
150 ml Olivenöl
Salz, Pfeffer aus der Mühle

- Knoblauch, Kapern, Cornichons, Sardellenfilets, Ei und Kräuter fein hacken und in eine Schüssel geben.
- Die Semmelbrösel, Senf und Rotweinessig dazugeben und langsam das Olivenöl einrühren.
- Mit Salz und Pfeffer abschmecken, bei Bedarf noch einen Schuss Rotweinessig dazugeben.

RADIESCHEN-SCHALOTTEN-PICKLES

Dieser hübsche kleine Topf braucht nicht viel Platz und liefert im Sommer die Zutaten für eine knackige, pikante Beilage zu Aufschnitt, Käse und Sandwiches. Für die Radieschen wurde eine Sorte mit weißen Spitzen gewählt, aber Puristen können natürlich auch die traditionellen roten anbauen.

Für den Pflanztopf

6 Schalotten-Steckzwiebeln 'Red Sun'
1 Tüte Radieschensamen 'French Breakfast 3'
1 Kübel, 30 cm Durchmesser
Universalerde oder auf Erde basierendes Substrat
Organischer Langzeitdünger

ANBAU

Anpflanzen: frühes Frühjahr, Aussaat: spätes Frühjahr und Frühsommer

- Das Pflanzgefäß mit Erde und Dünger füllen und an einen sonnigen, geschützten Platz stellen.
- Mit dem Finger oder einem Pikierstab im Zickzack versetzt quer über die Mitte des Gefäßes Mulden für die Steckzwiebeln bilden. Die Zwiebeln so setzen, dass die Spitzen noch ein wenig über das Erdreich herausragen. Sie können ruhig etwas enger stehen als üblicherweise empfohlen; ein Abstand von etwa 15 cm führt zu etwas kleineren Zwiebeln.
- Im Frühsommer die Radieschen direkt einsäen, gleichmäßig auf der ganzen Oberfläche verteilt.
- Die Samen gut angießen. Weiterhin regelmäßig gießen.

ERNTE

Die Schalotten geben bei diesem Arrangement den Erntezeitpunkt vor. Wenn die Blätter gelb werden, warten Sie noch etwa 1 Woche und ziehen die Schalotten dann aus der Erde. Radieschen und Schalotten werden gleichzeitig geerntet und verwendet, die nicht verwendeten Schalotten sollte man trocknen, so kann man sie länger lagern und für beliebige andere Rezepte verwenden.

DAS REZEPT

RADIESCHEN-SCHALOTTEN-PICKLES

ERGIBT 2 GLÄSER
À 200 ML

150 ml Apfelessig
150 ml Wasser
2 TL Salz
3 EL Honig
20 Radieschen, in dünne Scheiben geschnitten
1 Schalotte, in dünne Scheiben geschnitten
1 TL schwarze Pfefferkörner
1 TL Fenchelsamen

- Die Einmachgläser sterilisieren, indem man sie samt separatem Deckel 10 Minuten im Ofen bei 140 Grad erhitzt.
- Apfelessig, Wasser, Salz und Honig in einen Topf geben und leise köcheln lassen, bis der Honig aufgelöst ist.
- Radieschen, Schalotte, Pfefferkörner und Fenchelsamen in die Gläser verteilen und mit der heißen Flüssigkeit übergießen.
- Fest verschließen und abkühlen lassen.
- Vor dem Verzehr mindestens einen Tag durchziehen lassen. Im Kühlschrank bis zu einem Monat haltbar.

BOUQUET GARNI

Ein Gewürzsträußchen aus selbst gezogenen Küchenkräutern, das Saucen und Eintöpfen Geschmack verleiht, ist für jeden Koch das Nonplusultra. Die hier vorgeschlagene klassische Mischung kombiniert winterharte und einjährige Kräuter, die sich hervorragend im Kübel ziehen lassen. Am besten platziert man ihn in der Nähe der Küchentür, wo man sie jederzeit ernten kann. Natürlich kann man die Kräuter auch in vielen anderen Rezepten verwenden. Sie gedeihen am besten, wenn man sie den ganzen Sommer über regelmäßig erntet.

1 Topf Ysop *(Hyssopus officinalis)*
1 Topf Lorbeer *(Laurus nobilis)*
1 Topf glattblättrige Petersilie *(Petroselinum crispum)*
1 Topf Thymian *(Thymus vulgaris)*
1 Pflanzgefäß, 50 cm Durchmesser
Universalerde oder auf Erde basierendes Substrat
Sand
Organischer Langzeitdünger

ANBAU

Anpflanzen: Frühjahr

- Am meisten Aroma entwickeln diese Kräuter in der prallen Sonne, dennoch benötigen sie einen gewissen Schutz.
- Ysop hinten in den vorbereiteten Behälter einpflanzen, Lorbeer und Petersilie in die Mitte, und zwar so, dass die drei Pflanzen die Spitzen eines Dreiecks bilden.
- Für den Thymian vorne ein Loch graben und ein paar Handvoll Sand in das Pflanzloch geben, damit das Wasser besser abfließen kann. Alle Kräuter gut angießen.
- Regelmäßiges Pflücken fördert das Wachstum.

ERNTE

Sobald die Pflanzen im frühen Sommer gut angewachsen sind, können sie geerntet werden. Häufiges Ernten fördert den üppigen, kompakten Wuchs.

DAS REZEPT

BOUQUET GARNI

FÜR EINE 4-PORTIONEN-MENGE

1 Lorbeerblatt
2 Thymianzweige
2 Petersilienzweige
1 Ysopzweig

- Die Kräuter waschen.
- Die Zweige zusammenbinden.
- Dieses Gewürzsträußchen verleiht einem beliebigen Suppen-, Saucen- oder Eintopfgericht für 4 Personen Aroma. Bei größerer Rezeptmenge verdoppeln oder verdreifachen Sie einfach die Anzahl der verwendeten Kräuterzweige.

CHILIPASTE

Dieses hübsche und dennoch einfache Pflanzenarrangement hat es in sich. Die daraus hergestellte Paste ist ein perfekter Begleiter für alle möglichen Gerichte – mit ihrer Würze und Farbe peppt sie Käse, Aufschnitt und Frikadellen im Nu auf. Chilipflanzen lassen sich leicht ziehen und sind sehr ertragreich, solange sie genügend Sonne abbekommen.

1 Tüte Chilisamen 'NuMex Centennial' oder 'Zimbabwe Black'
1 Tüte Chilisamen 'Cayenne long slim'
1 Tüte Chilisamen 'Bolivian Rainbow'
1 Tüte Tomatensamen 'Sweet Baby'
1 Topf Oregano *(Origanum vulgare)*
1 Gefäß, 50 cm Durchmesser
Universalerde oder auf Erde basierendes Substrat
Organischer Langzeitdünger

ANBAU

Aussaat: frühes Frühjahr, Anpflanzen: spätes Frühjahr

- Im frühen Frühjahr eine Anzuchtschale mit Unterteilung in Einzeltöpfchen vorbereiten und die drei Sorten Chili in je einer Reihe mit je zwei Samen pro Abteil aussäen. Von den Tomatensamen je zwei in 10-cm-Töpfe aussäen. Die Schale und die Töpfe in ein Gewächshaus oder auf ein sonniges Fensterbrett stellen (die Samen keimen erst bei 18–21 Grad).
- Wenn die Chilisämlinge groß genug sind, den stärksten von jeder Sorte in 10-cm-Töpfe umpflanzen.
- Wenn im späten Frühjahr kein Frost mehr droht, das vorbereitete Pflanzgefäß an einen sonnigen, geschützten Platz stellen. In die Mitte eine Tomatenpflanze setzen. Daneben einen 1,75 m langen Stab in die Erde stecken, an dem die Triebe später festgebunden werden. Vor die Tomate kommt von jeder Sorte eine Chilipflanze. Im vordersten Bereich in ein Pflanzloch etwas Sand zur besseren Durchlässigkeit geben und den Oregano einpflanzen.
- Im Laufe des Wachstums die seitlichen Triebe der Tomatenpflanze, die sich zwischen dem Hauptstamm und den blühenden Seitentrieben bilden, ausgeizen. Sobald die Pflanze vier bis sechs Seitentriebe entwickelt hat, die Spitze des Haupttriebs kappen. Die Chilipflanzen stützen, sobald sich die Schoten entwickeln.
- Bis auf den Oregano regelmäßig gießen und, sobald die Früchte sich entwickeln, Tomatendünger (mit hohem Kaliumgehalt) dazugeben. Den Oregano für kompakten und gesunden Wuchs regelmäßig pflücken.

ERNTE

Die Zutaten für dieses Rezept kann man vom späten Sommer an ernten, sobald die Früchte reif sind.

DAS REZEPT

CHILIPASTE

ERGIBT 3 GLÄSER
À 200 ML

450 g Einmachzucker
150 ml Rotweinessig
750 g reife, saftige Tomaten, gehackt
4 Chilis (oder mehr für eine schärfere Paste), Samen entfernt, gehackt
3 Knoblauchzehen, zerdrückt
1 Handvoll Oregano, fein gehackt
Salz, Pfeffer aus der Mühle

- Die Gläser samt separatem Deckel im Backofen bei 140 Grad 10 Minuten sterilisieren. Einen kleinen Teller (für die Gelierprobe) in den Kühlschrank stellen.
- Zucker und Essig in einem Topf bei mittlerer Hitze köcheln lassen, bis der Zucker aufgelöst ist.
- Tomaten, Chilis und Knoblauch beigeben und weiter rühren, damit nichts anbrennt. Sprudelnd kochen lassen, bis die Masse fest wird (etwa 15 Minuten). Gelierprobe machen: 1 TL der Masse auf den gekühlten Teller geben; wenn die Masse geliert, ist die Paste fertig. Wenn sie zu flüssig ist, noch etwas weiter kochen lassen.
- Den gehackten Oregano unterrühren, mit Salz und Pfeffer abschmecken und in die warmen, sterilisierten Gläser füllen.
- Gut verschließen und abkühlen lassen.
- Die Paste hält sich bis zu 3 Monate an einem kühlen, dunklen Ort. Nach dem Öffnen im Kühlschrank aufbewahren.

ROTKOHL MIT ROTEN JOHANNISBEEREN

Diese Verbindung hat der Himmel gestiftet, was den Geschmack angeht, und außerdem besticht das Pflanzenarrangement durch seine schönen Farben und die Kontraste von Höhe und Blattwuchs. Eingemachte Früchte und Gemüse sind nicht nur knackig und bunt, sie sind auch schnell gemacht und peppen die einfachsten Gerichte auf. Das folgende Rezept ist eine interessante Abwandlung des klassischen Rotkrauts. Wer seine Ernte auf diese Weise konserviert, kann sie noch im Herbst und Winter genießen, wenn das Angebot an frischem Obst und Gemüse knapp ist.

1 Tüte Rotkohlsamen 'Rodeo' F1
1 Roter Johannisbeerstrauch 'Rovada'
6 Steckzwiebeln 'Red Ray' F1
1 Pflanztrog, 100 cm Durchmesser
Universalerde oder auf Erde basierendes Substrat
Organischer Langzeitdünger

ANBAU

Aussaat: frühes Frühjahr, Anpflanzen: Mitte bis spätes Frühjahr

- Die Rotkohlsamen gleichmäßig in einer Anzuchtschale aussäen, mit 1 cm Erde bedecken, in ein geheiztes Gewächshaus oder auf ein sonniges Fensterbrett stellen und die Erde nicht austrocknen lassen. Wenn die Sämlinge groß genug sind, die stärksten in 10-cm-Töpfe umpflanzen.
- Im mittleren bis späten Frühjahr den vorbereiteten Pflanztrog an einen sonnigen, geschützten Platz stellen. Die Johannisbeere in eine Ecke pflanzen, die Steckzwiebeln in einer anderen Ecke in zwei Reihen im Abstand von 10 cm (enger als im normalen Beet); die Spitzen sollen über die Oberfläche ragen.
- Sobald ihre Wurzeln am Topfboden sichtbar werden, zwei Rotkohlsämlinge am vorderen Rand des Gefäßes einpflanzen. Gut angießen, danach regelmäßig gießen und alle zwei Wochen düngen.
- Die Johannisbeere kann drei Jahre im Trog bleiben. Im Frühling 7–10 cm der Erde an der Oberfläche durch neue Erde, gemischt mit Dünger, ersetzen. Im vierten Jahr in einen größeren Behälter umpflanzen oder die Wurzeln um ein Drittel einkürzen und wieder im selben Trog einpflanzen.

PLATZ IM TOPF

Säen Sie Schnittmangold, Mangold oder Brokkoli, die Sie im Winter und im frühen Frühjahr ernten können, bevor Sie den Trog wieder mit Zwiebeln und Rotkohl bepflanzen.

ERNTE

Im Spätsommer ernten, wenn die Johannisbeeren reif sind, das Zwiebelgrün vergilbt ist und die Kohlköpfe sich entwickelt haben.

DAS REZEPT

ROTKOHL MIT ROTEN JOHANNISBEEREN

ERGIBT 2 GLÄSER À 1 L

1 Rotkohl, Strunk entfernt, geviertelt und geraspelt
1 rote Zwiebel, in Scheiben geschnitten
150 g Salz
1 l Essig
40 g Einlegegewürz
2 EL Rohzucker
2 Handvoll Rote Johannisbeeren

- Zwei Einmachgläser mit separaten Deckeln 10 Minuten bei 140 Grad im Backofen sterilisieren.
- Geraspelten Kohl und Zwiebel abwechselnd in eine große Schüssel schichten, jede Schicht großzügig salzen. Zudecken und über Nacht in den Kühlschrank stellen.
- Essig, Einlegegewürz und Zucker in einem Topf langsam aufkochen und rühren, bis der Zucker aufgelöst ist. Die Flüssigkeit über Nacht stehen lassen.
- Am nächsten Tag das Salz von der Kohl-Zwiebel-Mischung abspülen, das Gemüse mit Küchenpapier trocknen.
- Kohl, Zwiebel und Johannisbeeren in die Gläser verteilen. Die Einmachflüssigkeit absieben und die Gläser randvoll damit füllen. Gut verschließen.
- 1–2 Wochen an einem kühlen, dunklen Ort durchziehen lassen. Nach dem Öffnen im Kühlschrank lagern.

Cremetöpfchen mit Zitronenverbene, Duftgeranie und Thymian
Pimm's-Gelee
Scharfer Tomatensaft

GETRÄNKE & SÜSSES

CREMETÖPFCHEN MIT VERBENE, DUFTGERANIE UND THYMIAN

Sämtliche Kräuter in diesem Topf bilden Blüten, die bestäubende Insekten lieben

Dieses intensiv duftende Pflanzenarrangement steht am besten in der Nähe des Eingangs, damit man sich den ganzen Sommer über daran erfreuen kann. Die Kombination macht einiges her: Der zarte Lavendel und der kompakte, lila blühende Thymian heben sich vorteilhaft gegen die blassgrüne Zitronenverbene, die dunklen Blätter des Zitronenbasilikums und die gefiederten Blätter der Duftgeranie ab. Kochen Sie aus den Blättern einen Sirup und machen Sie damit einen zitronig erfrischenden, cremigen Smoothie.

1 Topf Zitronenbasilikum (*Ocimum* x *africanum*)
1 Topf Zitronenverbene *(Aloysia citrodara)*
1 Topf Duftgeranie *(Pelargonium graveolens)*
2 Töpfe Thymian (*Thymus pulegioides* 'Foxley')
1 Topf Lavendel (*Lavandula angustifolia* 'Hidcote Blue')
1 Pflanzgefäß, 50 cm Durchmesser
Mehrzweckerde oder auf Erde basierendes Substrat
Organischer Langzeitdünger
Sand

ANBAU

Anpflanzen: Frühjahr

- Diese Kräuter entwickeln ihr Aroma am besten in voller Sonne, jedoch windgeschützt. Das Pflanzgefäß mit Erde und Dünger füllen. Das Zitronenbasilikum hinten in den Topf pflanzen, die Zitronenverbene und die Duftgeranie einander gegenüber in der Mitte, sodass die drei Kräuter die Spitzen eines Dreiecks bilden.
- Am vorderen Rand links und rechts je ein Loch für die Thymianpflanzen graben und ein weiteres Loch in der Mitte für den Lavendel. Einige Handvoll Sand in die Löcher geben, die Kräuter einsetzen und gut angießen.
- Für schönen, üppigen Wuchs die Kräuter regelmäßig pflücken.

ERNTE

Sobald die Pflanzen im frühen Sommer gut angewachsen sind, kann man mit der Ernte beginnen und dann fortlaufend während der ganzen Vegetationsperiode ernten.

DAS REZEPT

CREMETÖPFCHEN MIT VERBENE, DUFTGERANIE UND THYMIAN

FÜR 4 PORTIONEN

150 g extrafeiner Zucker
Saft und Schale von
  1 unbehandelten Zitrone
2 Blätter Zitronenverbene
2 Zweige Zitronenbasilikum
2 Blätter Duftgeranie
1 langer Zweig Thymian
500 ml Crème double
1 Handvoll Lavendelblüten

- In einem kleinen Topf den Zucker mit Zitronensaft und -schale bei kleiner Hitze langsam aufkochen, gelegentlich umrühren, bis sich der Zucker aufgelöst hat.
- Die Blätter von Zitronenverbene, Zitronenbasilikum, Duftgeranie und Thymian von den Zweigen streifen und zugeben. Den Sirup zugedeckt 1 Stunde ziehen lassen.
- Die Crème double in einem kleinen Topf bei stetem Rühren aufkochen. Den aromatisierten Sirup zugeben und gut verrühren. Die Mischung durch ein Sieb gießen, die Blätter entfernen.
- Die Creme auf 4 Gläser (à ca. 150 ml Inhalt) verteilen.
- Nach dem Abkühlen mindestens 2–3 Stunden, am besten aber über Nacht im Kühlschrank fest werden lassen.
- Vor dem Servieren die Cremetöpfchen mit ein paar Lavendelblüten und kleinen Zitronenverbenenblättern garnieren.

HERITAGE GARDEN
POTTERY

ERDBEER-SMOOTHIE

Dank der Erdbeeren wird dieses Arrangement rege umschwirrt.

Smoothies sind rasch zubereitet, schmackhaft und gesund. Reine Fruchtsäfte sind zwar reich an Vitaminen, aber aufgrund der mangelnden Ballaststoffe geht der natürliche Fruchtzucker rasch in den Blutkreislauf über, sodass man bald wieder Hunger hat. In Smoothies hingegen befinden sich noch alle Ballaststoffe, das Verdauungssystem ist also länger beschäftigt, die Fasern aufzuschließen; der Zucker geht langsamer in den Körper über, und man fühlt sich länger satt. Abgesehen davon ist dieser Pflanztopf mit den pinkfarbenen Erdbeerblüten und dem dunkelvioletten Basilikum so schön, dass er auf Balkon oder Terrasse ruhig im Mittelpunkt stehen kann.

2 Erdbeerpflanzen 'Rosana' F1
3 Erdbeerpflanzen 'Toscana' F1
1 Minze
1 rotblättriges Basilikum
1 Pflanzgefäß, 30 cm Durchmesser
Universalerde oder auf Erde basierendes Substrat
Organischer Langzeitdünger

ANBAU

Anpflanzen: Frühjahr

- Den Topf an einen sonnigen, windgeschützten Platz stellen und mit Erde und Dünger füllen. Die Erdbeeren in gleichmäßigem Abstand am vorderen Rand einpflanzen, die Sorten abwechseln.
- Die Minze in einen 15-cm-Topf umpflanzen und hinten in das Pflanzgefäß eingraben. Der Rand soll über die Erdoberfläche ragen. Minze wuchert gern, der Topf hindert die Wurzeln daran, sich auf das ganze Pflanzgefäß auszubreiten.
- Das Basilikum zwischen die Minze und die vorderste Erdbeere pflanzen, sodass der farbliche Kontrast der Blätter zur Geltung kommt.
- Regelmäßig gießen und die Erde nicht austrocknen lassen. Die Erdbeeren alle zwei Wochen düngen. Ableger nahe der Mutterpflanze abschneiden und in einen anderen Topf umpflanzen. Wenn die Erdbeeren zu blühen beginnen, die Erde um die Pflanzen mit Stroh abdecken, damit die Früchte nicht verschmutzen und verderben.
- Basilikum und Minze regelmäßig pflücken, das fördert den kompakten Wuchs.

ERNTE

Beide Erdbeersorten sind immertragend und versprechen eine lang anhaltende Ernte praktisch ohne Unterbruch von Mitte des Sommers bis Frühherbst. Die Kräuter können Sie schon davor ernten und in Salaten, Pasta und anderen Gerichten verwenden.

DAS REZEPT

ERDBEER-SMOOTHIE

FÜR 2 PORTIONEN

2 große Handvoll Erdbeeren, geputzt
1 kleine Handvoll Minze
2 Zweige Basilikum
1 Banane
1 TL Honig
etwas Wasser oder Apfelsaft

Alle Zutaten fein pürieren und sofort servieren.

PIMM'S-GELEE

Die Kombination von Erdbeer- und Gurkenblüten ist für bestäubende Insekten unwiderstehlich.

Dieses Dessert für Erwachsene ist nicht nur eine Abwandlung des populären Sommerdrinks, sondern auch ein saisonaler Hit. In einer altmodischen Puddingform erkaltet macht es noch mehr her.

2 Erdbeerpflanzen 'Rosanna' F1
1 Minze (Spearmint, *Mentha spicata*)
1 Tüte Mexikanische-Mini-Gurken-Samen *(Melothria scabra)*
1 Pflanzgefäß, 45 cm Durchmesser
Universalerde oder auf Erde basierendes Substrat
Organischer Langzeitdünger

ANBAU

Aussaat: Mitte Frühjahr, Anpflanzen: Mitte bis Ende Frühjahr

- Im mittleren Frühjahr den Topf mit Erde und Dünger füllen und an einen sonnigen, windgeschützten Platz stellen. Die Erdbeeren einpflanzen, je eine an den vorderen Ecken. Die Minze in einen 15-cm-Topf umpflanzen, um die Wurzeln in Schach zu halten, und mit Topf hinten mittig einpflanzen.
- In einen 10-cm-Topf mit Erde dünn die Melothria-Samen aussäen. Mit 1 cm Erde bedecken und auf einem sonnigen Fensterbrett oder im Gewächshaus keimen lassen.
- Wenn die Sämlinge etwa 7 cm groß sind und kein Frost mehr droht, den größten Sämling in das Pflanzgefäß vorne zwischen die Erdbeeren setzen, sodass die Ranken über den Rand wachsen können.
- Regelmäßig gießen und, sobald die Erdbeeren blühen, mit Tomatendünger düngen. Die Erdbeerableger abschneiden, damit die Pflanzen mehr Früchte entwickeln; die Erde um die Erdbeeren mit einer Schicht Stroh mulchen, damit die Früchte trocken liegen.
- Wenn die Mini-Gurke etwa 2½ m lang ist, die Spitze des Haupttriebs abzwicken und die seitlichen Triebe auf 40 cm kürzen.
- Die Minze regelmäßig pflücken, damit sie das Pflanzgefäß nicht überwuchert.
- Am Ende der Saison die Melothriapflanze in einen kleineren Topf umpflanzen und an einem frostgeschützten, trockenen Ort überwintern. Im folgenden Frühjahr kann sie wieder ins Freie gepflanzt werden.

DAS REZEPT

PIMM'S-GELEE

FÜR 4 PORTIONEN

5 Blatt Gelatine
115 g feiner Zucker
100 ml Wasser
100 ml Limonade
175 ml Pimm's (Kräuterlikör auf Ginbasis)
250 g Erdbeeren, geputzt, in dünne Scheiben geschnitten
4 mexikanische Mini-Gurken, in dünne Scheiben geschnitten
1 Handvoll Minzeblätter, in Streifen geschnitten

- Die Gelatine in kaltem Wasser einweichen.
- Den Zucker mit dem Wasser in einem kleinen Topf unter stetem Rühren bei mittlerer Hitze auflösen. Vom Herd nehmen und die aufgeweichten Gelatineblätter einrühren.
- Die Mischung in eine Schüssel geben, Limonade und Pimm's einrühren. Erkalten lassen, dabei gelegentlich umrühren.
- Wenn die Masse zu gelieren beginnt, Erdbeeren, Mini-Gurken und etwas Minze dazugeben.
- In kleine Gläser oder eine Puddingform füllen und mindestens 4 Stunden im Kühlschrank fest werden lassen. Vor dem Servieren mit der restlichen Minze garnieren.

ERNTE

Die Früchte der Melothria scabra und die Erdbeeren werden im Hochsommer reif. Die Minze kann man das ganze Jahr lang pflücken.

HEIDELBEER-GERANIEN-KOMPOTT

Heidelbeerblüten ziehen Bienen, Schmetterlinge und andere bestäubende Insekten an.

Heidelbeeren lassen sich gut zu einem Kompott verarbeiten, dessen subtile Süße durch das zart zitronige Aroma des Geranienblatts verstärkt wird. Die beiden Pflanzen machen sich auch sehr gut zusammen im Pflanztopf: Die strukturierten Blätter und die hellrosa Blüten der Geranie bilden einen schönen Kontrast zu den dunkler grünen Heidelbeerbüschen, deren Laub sich im Herbst tiefrot färbt. Das Kompott lässt sich gut im Kühlschrank aufbewahren und passt zu allerlei Köstlichkeiten: Zum Frühstück peppt es das Müsli auf, es ergibt eine interessante Füllung für einen Biskuitkuchen oder ergänzt vortrefflich Vanillepudding oder griechischen Joghurt.

1 Heidelbeerstrauch 'Bluetta'
1 Heidelbeerstrauch 'Sunshine Blue'
2 Duftgeranien *(Pelargonium graveolens)*
1 Pflanzgefäß, 50 cm Durchmesser
Moorbeeterde (sauer)
Organischer Langzeitdünger

ANBAU

Anpflanzen: spätes Frühjahr

- Den Topf mit Moorbeeterde füllen und an einem sonnigen, windgeschützten Platz aufstellen. Im Halbschatten entwickeln sich die Früchte später und das Laub färbt sich im Herbst nicht so spektakulär. Außerdem entwickeln dort auch die Duftgeranien keinen besonders intensiven Duft.
- Wenn im späten Frühling kein Frost mehr droht, die Heidelbeersträucher links und rechts im hinteren Bereich des Gefäßes und die Geranien vorne einpflanzen.
- Regelmäßig gießen, am besten mit Regenwasser, Leitungswasser ist oft zu kalkhaltig und erhöht den pH-Wert der Erde, was sich auf die Beerenernte negativ auswirkt. In der Wachstumsphase Flüssigdünger für Pflanzen, die saure Erde lieben, ins Giesswasser geben. Damit einem die Vögel bei der Ernte nicht zuvorkommen; eventuell die Sträucher mit einem Netz schützen.
- Heidelbeeren sind mehrjährig, man kann sie mehrere Jahre im selben Gefäß stehen lassen. Selbst die Winterkälte macht ihnen nichts aus; wenn es zu feucht wird, das Pflanzgefäß unter ein Dach oder in einen Unterstand stellen.

ERNTE

Durch die Verwendung von Früh- und Spätsommersorten verlängert sich die Ernte und reicht von Mitte Sommer bis Frühherbst. Die Duftgeranienblätter kann man den ganzen Sommer über pflücken, die essbaren Blüten von der Mitte bis in den Spätsommer hinein als Dekoration von Gerichten verwenden.

DAS REZEPT

HEIDELBEER-DUFTGERANIEN-KOMPOTT

FÜR 2 PORTIONEN

300 g Heidelbeeren
6 Duftgeranienblätter und ein paar Blüten
6 EL Wasser
1 EL feiner Zucker

- Die Heidelbeeren zusammen mit Duftgeranienblättern, Wasser und Zucker langsam aufkochen. Sobald das Wasser zu dampfen beginnt, umrühren, die Hitze verringern und die Beeren sanft köcheln lassen, bis die ersten aufplatzen.
- Wenn die Heidelbeeren weich sind, die Geranienblätter entfernen und die Beeren abkühlen lassen.
- Das Kompott zu Joghurt oder Pudding reichen, mit Geranienblüten dekorieren.

SCHARFER TOMATENSAFT

Probieren Sie mit Ihrer Tomatenernte doch einmal etwas Neues aus. Dieser erfrischende, gesunde Drink ist genau der richtige Start ins Wochenende nach einem feucht-fröhlichen Freitagabend. Der Trick besteht darin, eine spät tragende Tomate mit einem früh reifenden Sellerie zu kombinieren, um beide Gemüse gleichzeitig ernten zu können. Das Arrangement besticht durch seine schöne Struktur und üppiges Grün, das an einem sonnigen Standort wunderbar gedeiht. Die Blattspitzen des Selleries finden in Suppen und Salaten Verwendung.

1 Tüte Chilisamen 'Bolivian Rainbow'
1 Tüte Stangenselleriesamen 'Golden Self-blanching 3'
1 Tüte Tomatensamen 'Giulietta' F1
1 Pflanzgefäß, 50 cm Durchmesser
Universalerde oder auf Erde basierendes Substrat
Organischer Langzeitdünger

ANBAU

Aussaat: frühes/Mitte Frühjahr, Anpflanzen: Frühsommer

- Im frühen Frühjahr ein paar Chilisamen in einen 10-cm-Topf säen. Pikieren bis auf den stärksten Sämling.
- Im mittleren Frühjahr eine Anzuchtschale mit Unterteilung in Einzeltöpfchen mit Aussaaterde vorbereiten. Tomaten und Sellerie in separaten Reihen mit je zwei Samen pro Abteil säen, mit 1 cm Erde bedecken. Im geheizten Gewächshaus oder auf dem sonnigen Fensterbrett keimen lassen. Die stärksten Sämlinge in 10-cm-Töpfen weiterwachsen lassen.
- Im Frühsommer das vorbereitete Pflanzgefäß an einem geschützten sonnigen Standort bepflanzen: die Tomatenpflanze in den hinteren Bereich, zwei Selleriepflanzen vorne, eine Chilipflanze vor den Sellerie. Neben die Tomate einen Stützstab in die Erde stecken.
- Gut gießen und die Erde nicht austrocknen lassen. Sobald sich die Tomaten- und Chilifrüchte entwickeln, alle zwei Wochen mit Tomatendünger düngen. Die Seitentriebe der Tomate ausgeizen, die Chili stützen, sobald die Früchte zu wachsen beginnen.

DAS REZEPT

SCHARFER TOMATENSAFT

FÜR 1 PORTION

3 Selleriestangen
150 g Tomaten, gehackt
1 Chili, Samen entfernt, fein gehackt
Saft von ½ Zitrone
Salz, Pfeffer aus der Mühle

- Den Sellerie entsaften.
- Den Selleriesaft mit den restlichen Zutaten glatt pürieren. Lassen Sie es sich schmecken!

ERNTE

Am besten warten Sie mit der Ernte bis in den Spätsommer: Dann sind Tomaten und Sellerie reif und die Chilis feurig scharf und können zusammen für die Küche verwendet werden.

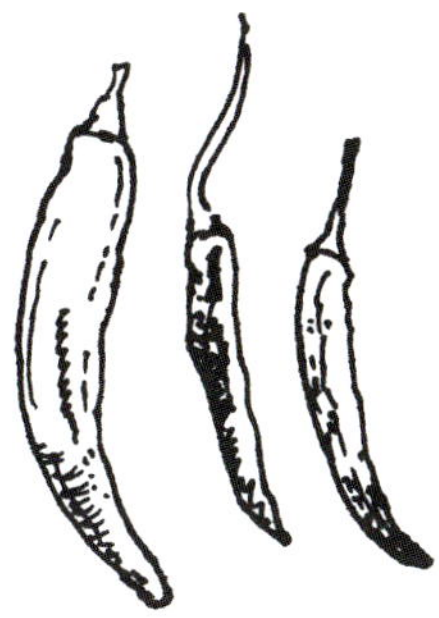

NÜTZLICHE ADRESSEN

GARTENVERSANDHANDEL

Dehner
Donauwörther Straße 3-5
86641 Rain
Telefon: +49 (0) 9090 789 789
www.dehner.de, www.dehner.at

Gärtner Pötschke
Beuthener Straße 4
41561 Kaarst
Telefon +49 (0) 1805 86 11 00
www.poetschke.de

plantu – Urban Gardening
Rotherstraße 18
10245 Berlin
www.plantu.de

Hauenstein AG
Landstrasse 42
8197 Rafz
Telefon: +41 (0) 44 879 11 22
www.hauenstein-rafz.ch

BALKONOBST

Pflanzen 1 × 1
Bergerholz 7
37194 Wahlsburg
Telefon +49 (0)5571 919211
www.balkonobst .de

Lubera AG
Lagerstrasse
9470 Buchs SG
Telefon +41 (0)740 58 33
www.lubera.com

http://eshop.starkl.at
www.manufactum.de
www.manufactum.at
www.manufactum.ch

SAATGUT

Deutschland

www.bingenheimersaatgut.de
www.biogartenversand.de
www.bio-saatgut.de
www.dreschflegel-saatgut.de
www.duerr-samen.de
www.kraeuter-und-duftpflanzen.de
www.syringa-pflanzen.de

Österreich

www.ochsenherz.at
www.reinsaat.co.at
www.shop.arche-noah.at

Schweiz

www.zollinger.ch
www.sativa-rheinau.ch
www.arthasamen.ch

ERHALTUNG GEFÄHRDETER KULTURPFLANZEN

ProSpecieRara
Schweizerische Stiftung für die kulturhistorische und genetische Vielfalt von Pflanzen und Tieren
www.prospecierara.ch
»Sortenfinder«, Saat- und Pflanzgutkatalog für Gönnerinnen und Gönner; Setzlings- und Pflanzenmärkte

Arche Noah
Gesellschaft für die Erhaltung der Kulturpflanzenvielfalt und ihre Entwicklung
www.arche-noah.at
Arche Noah Sortenhandbuch, Online-Shop (Versand nach Österreich und Deutschland); Jungpflanzenmärkte

ProSpecieRara
Gemeinnützige Gesellschaft für die kulturhistorische und genetische Vielfalt von Pflanzen und Tieren in Deutschland
www.prospecierara.de
Setzlingsmarkt; »Sortenfinder« in Arbeit.

BIOLOGISCHES GÄRTNERN

www.bioterra.ch
Regionalgruppen, Kurse, Biogärtnereien und Fachbetriebe, Zeitschrift

REGISTER PFLANZEN UND ANBAU

REZEPTE

DANKSAGUNG

Jason und ich möchten uns bei den Verantwortlichen von Frances Lincoln bedanken, die uns gebeten haben, dieses Buch zu schreiben. Danke, Helen und Andrew, für eure hilfreichen Tipps, Becky und Liz für euer unschätzbares Fachwissen.

Silvana sind wir dankbar für ihre positive Einstellung und Energie bei der Verwandlung unserer Gartenerzeugnisse in leckere Rezepte. Danke an die de Soissons, dass wir uns so großzügig aus den Beständen des Foodie Bugle Shop bedienen konnten. Unglaublich, was man bei euch alles findet. Wir können es kaum erwarten, euer Geschäft in Bath zu erkunden und weitere wunderbare alte Küchenutensilien zu ergattern.

Fran von Rabbit Attack PR bin ich dankbar für ihre grenzenlose Begeisterung und dafür, dass sie mir gestattet hat, mit fünfundzwanzig Pflanzkübeln in die Folienzelte von Suttons einzuziehen. Toby, wenn du gewusst hättest, worauf du dich da einlässt! Ein riesiges Dankeschön für deine Geduld, deine Unterstützung und deinen Humor. Ohne dich hätte ich es nicht geschafft. Danke auch an Ros und die Jungs vom Testanbau. Ein besonderer Dank geht an Annelise, die selbst noch auf das kleinste Detail geachtet hat.

Mum, danke für die tollsten Töpfe, die ich je gesehen habe, und für die köstlichsten Sandwiches, die ich je gegessen habe. Danke auch dafür, dass du mir geholfen hast, all diese Töpfe anzusäen und zu bepflanzen. Unsere gemeinsame Tätigkeit hat mir viel Spaß gemacht, ich werde unsere »Pflanztage« nie vergessen. Und Dad, danke, dass du immer gern Golf spielen gingst, wenn Mum mit mir gewerkelt hat, und auch dafür, dass du Teddy gehütet hast.

Chefkoch Paul Collins danke ich, dass er mich gerettet hat, indem er ein wunderbares Exemplar des *Larousse Gastronomique* aufgetrieben hat.

Hal, mein Schatz, du warst ein brillanter Beifahrer, als wir im »Blumenbus« durch die Gegend gegurkt sind. Vielen Dank! Ein dickes Dankeschön gebührt wie stets meinem wunderbaren Ehemann Jason, der dafür gesorgt hat, dass alles so wundervoll aussieht.

Cornel Rüegg, Sabine Reber
Veranda Junkies
Urban Gardening auf Balkon und Terrasse

Meret Bissegger, Hans-Peter Siffert
Meine Gemüseküche für Herbst und Winter

Marianna Serena, Michael Suanjak, Beat Brechbühl, Franca Pedrazzetti
Das Lexikon der alten Gemüsesorten*
800 Sorten – Geschichte, Merkmale, Anbau und Verwendung in der Küche

Martin Weiss, Albi von Felten
Blaue Schweden, Grüne Zebra, Roter Feurio
Alte Sorten neu entdeckt
Das Pro-Specie-Rara-Kochbuch

Andrea Frommherz
Naturwerkstatt Samen und Gemüse
Mit Kindern Samen gewinnen und säen, Gemüse ziehen
und spielerisch entdecken

Violette Tanner
Kinderwerkstatt Wildpflanzenküche
Mit Kindern sammeln, kochen, die Natur erleben

Pierre Masson
Landwirtschaft, Garten- und Weinbau biodynamisch

Wolf-Dieter Storl
Heilkräuter und Zauberpflanzen zwischen Haustür und Gartentor*

Wolf-Dieter Storl
Der Kosmos im Garten
Gartenbau nach biologischen Naturgeheimnissen
als Weg zur besseren Ernte*

*Auch als E-Book erhältlich.

AT Verlag
Bahnhofstraße 41
CH-5000 Aarau
Telefon +41 (0)58 200 44 00
info@at-verlag.ch
www.at-verlag.ch